Stefanie Schneider

Rechnen ohne Stolperstein – Zehnerübergang mit Plus

Hefte zur intensiven Übung und Automatisierung der Zehnerübergänge

Cornelsen

Inhaltsverzeichnis

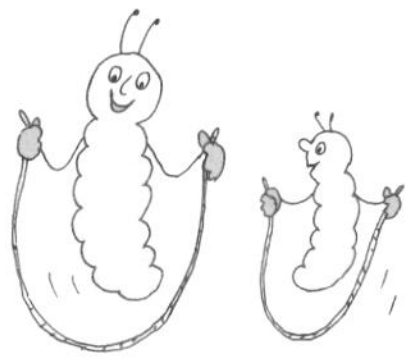

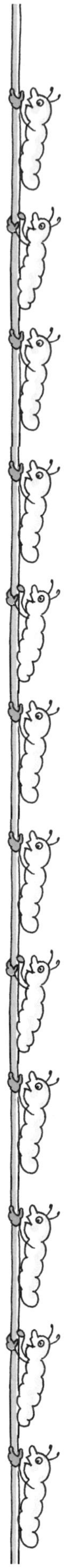

Vorwort

Auf der Basis der sehr prägnanten und anschaulichen Formzahlbilder bietet „Rechnen ohne Stolperstein – Zehnerübergang mit Plus“ auf systematische und zugleich motivierende Weise geeignete Übungsmöglichkeiten, den Zehnerübergang bis 20 und bis 100 zu verstehen und zu automatisieren.

Der Zehnerübergang ist die erste komplexere Anforderung beim Erlernen des Rechnens, die viele Kinder vor Herausforderungen stellt.

Um diese Stolpersteine überwinden zu können, müssen die Kinder flexibel und versiert mit den **Mengen bis 10** operieren und ein **Verständnis unseres Zehnersystems** haben. Zudem erfordert die Zehnerüber- oder -unterschreitung mehrere aufeinanderfolgende Rechenschritte, d. h., auch die **Merkfähigkeit für Zahlenmaterial** ist eine wichtige Voraussetzung.

Kinder, denen das Rechnen leichtfällt, verwenden im Umgang mit dieser Anforderung geschickt unterschiedliche Rechenwege. Bestehen Unsicherheiten, fällt es meist schwer, unterschiedliche Rechenwege zu verstehen und anzuwenden oder sogar sie sich selbst zu erarbeiten. Die Kinder greifen dann auf Lösungswege zurück, die wenig zielführend, umständlich und fehleranfällig sind, wie z. B. das Weiter- oder Zurückzählen.

Um Stolpersteine zu umgehen, ist es hilfreich, **einen einzigen, anschaulichen Weg** anzubieten, der den Kindern Zuversicht gibt, auch diese Herausforderung meistern zu können.

Durch die in diesem Heft verwendeten **Formzahlbilder**, in Kombination mit der Zehnerbündelung in Form einer Schachtel, wird der Vorgang der Zehnerüber- bzw. -unterschreitung auf einleuchtende, einfache Weise dargestellt. Die Kinder sehen und verstehen so, was beim Zehnerübergang geschieht.

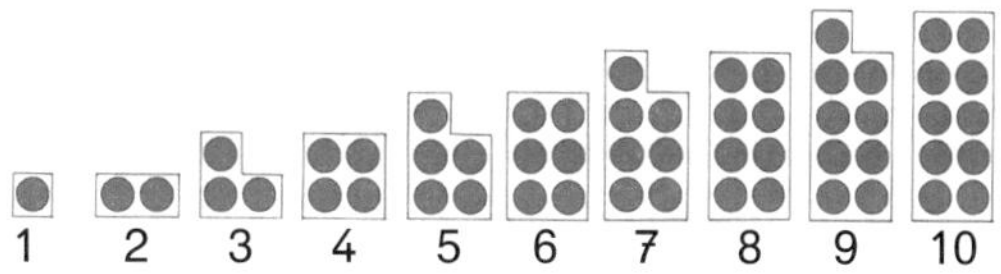

Die Darstellung der Zehnerüber- und -unterschreitung lehnt sich eng an „Rechnen ohne Stolperstein“ Band 2B (s. u.) an. Die Vorgehensweise im Bereich der Rechnungen ist ähnlich, allerdings wurden Zerlegungsaufgaben innerhalb der Rechnung recht bald reduzierter dargestellt, um den Fokus auf die Versprachlichung der Rechenschritte zu legen.

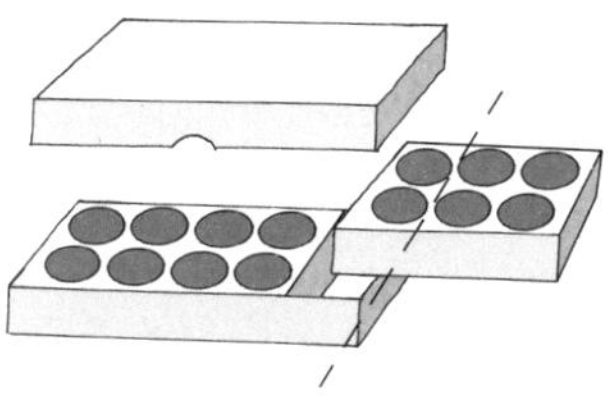

Mengendarstellung

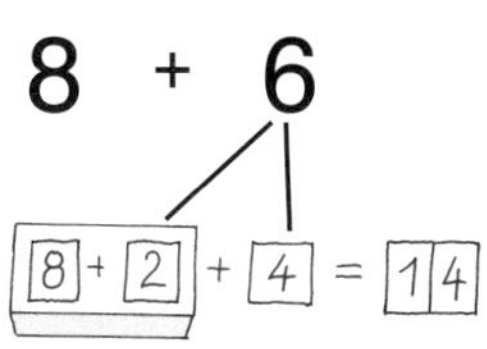

Rechnung mit Zwischenschritt und angedeuteter Zehnerschachtel

8 ⊕ 6 ___2___ innen ___4___ außen ⊜ 14

Rechnung mit Fokus auf handlungsbegleitendem Sprechen:
innen = in der Zehnerschachtel (2 von 6)
außen = außerhalb der Zehnerschachtel (4 von 6)

Bitte üben Sie zunächst mit den Rechenmaterialien zu „Rechnen ohne Stolperstein“ (ISBN: 978-3-589-16495-0). Sie unterstützen damit das Verständnis für den Vorgang der Zehnerüberschreitung.
(Aufgaben für die Übung zur Erstbegegnung mit dem Zehnerübergang finden Sie in „Rechnen ohne Stolperstein“ Band 2B, S. 47–49, ISBN 978-3-589-15986-4.)

Die **Zahlzerlegung bis 10** ist eine wichtige Lernvoraussetzung für den Zehnerübergang. Sollten Sie bei der Bearbeitung feststellen, dass hier Unsicherheiten bestehen, ist es wichtig, zunächst diesen Zahlenraum zu sichern. Anregungen dazu finden Sie in „Rechnen ohne Stolperstein“ Band 1B (ISBN 978-3-589-15984-0) und 2A (ISBN 978-3-589-15985-7).

Die Aufgaben des Zehnerübergangs Plus sollten von Anfang an **handlungsbegleitend durch immer gleiches Sprechen unterstützt werden:**
z. B. 8 + 6: „zwei **innen**, vier **außen**, vierzehn“
Innen bedeutet dabei: So viele haben in der Zehnerschachtel noch Platz.
Außen bedeutet: So viele sind außerhalb der Schachtel.

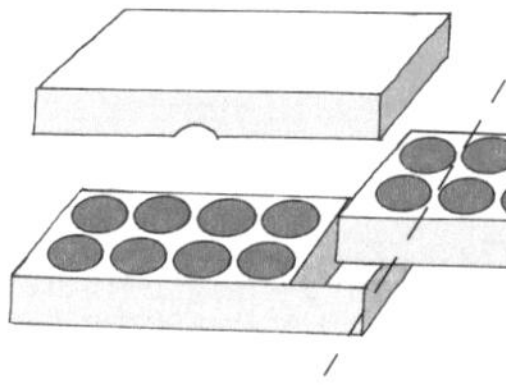

Handlungsbegleitendes Sprechen bei der Durchführung der Übergänge in immer gleichen Worten und Abfolgen hilft den Kindern, in komplexen Rechensituationen ihre Gedanken zu sortieren und zu strukturieren. Es **leitet den Rechenweg an**, lässt, wenn es einmal gut eingeübt ist, **gedankliche Ressourcen** für den reinen Umgang mit den Zahlen übrig und **beugt** so **Rechenfehlern vor**. In „Rechnen ohne Stolperstein – Zehnerübergang mit Plus“ wird die Verbalisierung auch dazu genutzt, **vor rein mechanischem Aufschreiben und Rechnen der Aufgaben zu schützen**. Durch das Ausfüllen der Unterzeile „innen, außen“ haben die Kinder außerdem die Möglichkeit, ihre Rechnung zu überdenken und zu kontrollieren. Auch das Lösen von schwierigen **Platzhalteraufgaben** wird durch diese Hilfestellung erleichtert bzw. ermöglicht. Kleine Holzwürmer führen durch die Aufgaben und dienen als **Anker** für den Zehnerübergang mit Plus. 

Anhand von **ausreichend Übungsmöglichkeiten** können Kinder, **ausgehend von einzelnen Mengen,** schnell und sicher lernen, über den Zehner zu springen. Der Vorteil dieser Methode ist, dass sich die Zerlegung der zweiten Summanden zunächst immer gleich gestaltet:

9 + 2 = „**eins** innen, eins außen, 9 + 3 = „**eins** innen, zwei außen … So wird es möglich, den Blick auf den zweiten Zerlegungsschritt und die Lösung zu fokussieren.

Erst wenn der Zehnerübergang von einer Zahl sicher und schnell gelingt, wird mit der Überschreitung von der anderen Menge aus begonnen, und in der Folge werden die Aufgaben mit unterschiedlichen ersten Summanden systematisch geübt. Auf diese Weise wird sichergestellt, dass die Kinder ausreichend versiert im Zehnerübergang sind und sie die Voraussetzung dafür erlangen, auch die Stolpersteine der komplexeren Übergänge in den erweiterten Zahlenräumen zu überspringen.

Die **Übertragung des Zehnerübergangs in den Zahlenraum bis 100** geschieht in einer Kombination des zu diesem Zeitpunkt sehr gut bekannten handlungsbegleitenden Sprechens („innen, außen“) mit der Nutzung der Analogie von „kleiner Aufgabe“ im Zahlenraum bis 20 und der „großen Aufgabe“ bis 100. Die Aufgaben schließen sich jeweils an die intensive Übung des Zehnerübergangs bis 20 vom jeweiligen Mengenbereich aus an.

Die **Größe der Ziffern und der dosierte Inhalt** der einzelnen Seiten erlauben es Kindern, sich der Mühe des zusätzlichen Übens zu stellen, da einzelne Seiten schnell bearbeitet sind. Sollten Sie sich dafür entscheiden, **kleine Querformat-Hefte in DIN A5** herzustellen, ist dies für Kinder sicher noch zusätzlich ansprechend und motivierend.

Nicht zuletzt ermöglicht die systematische Aufbereitung dieser Hefte einen **Einblick in Gesetzmäßigkeiten der Mathematik**. Besonders deutlich wird dies bei den Aufgabenformaten: „2 … 3 … 4 … Aufgaben, ein Ergebnis“ oder bei „eingeschmuggelten Aufgaben ohne Zehnerübergang“, über die sich ein kleiner Holzwurm wundert.

Durch das Training mit „Rechnen ohne Stolperstein – Zehnerübergang mit Plus“ sollte es den Kindern gelingen, auch den Stolperstein Zehnerübergang sportlich zu überwinden.

Dieses Heft gehört:

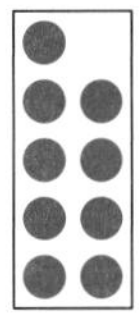

ZÜ von 9

Von **9** über den Zehner

Wie viele fehlen innen? Male Einer blau, umrahme die volle Zehnerschachtel rot.

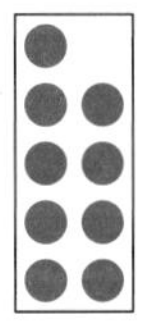

ZÜ von 9

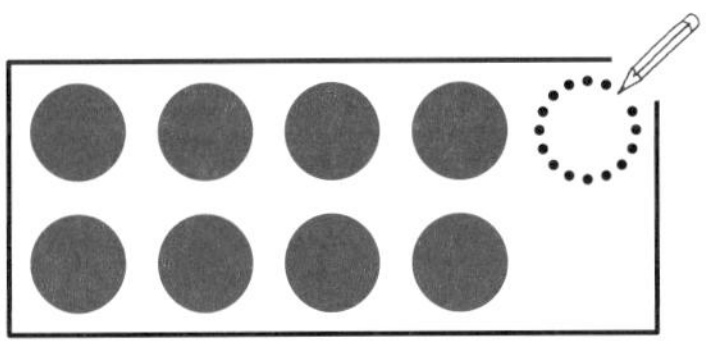

2

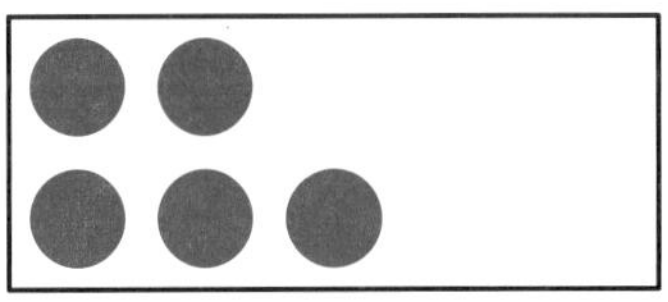

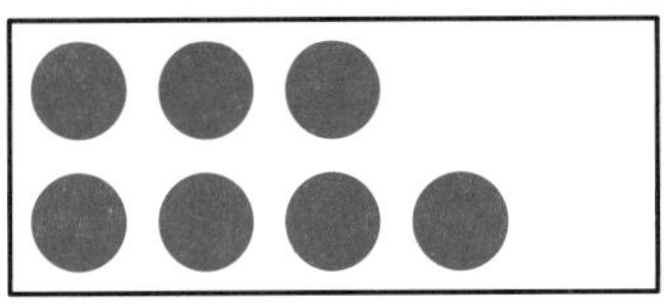

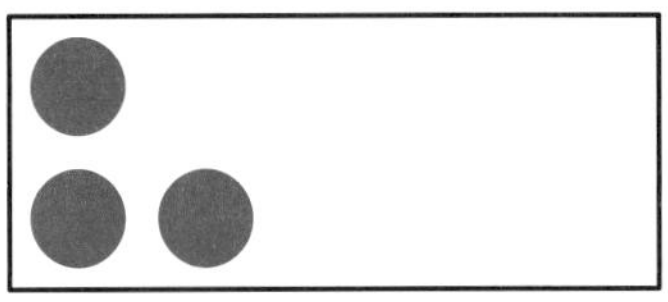

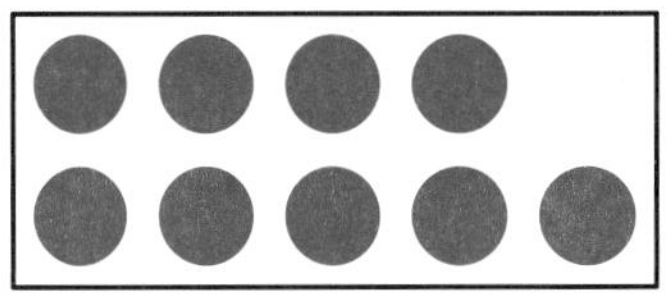

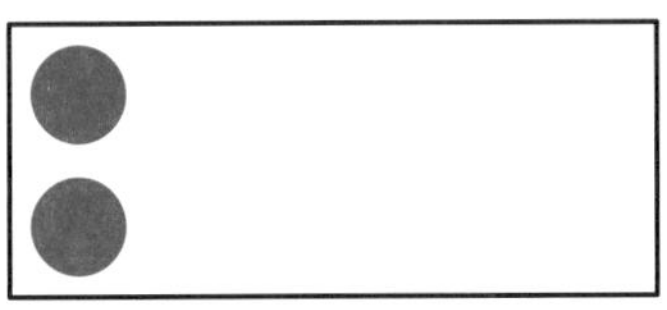

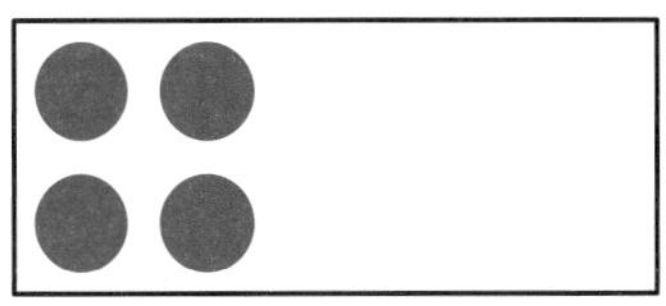

Zerlege immer in 1 und ... !

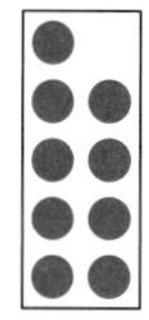

ZÜ von 9

Zerlege immer in 1 und ... !

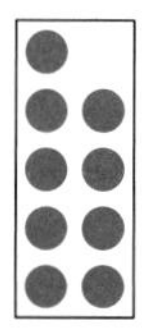

ZÜ von 9

6	1	5	9	1	
8	1		3	1	
4	1		7	1	
2	1		5	1	

Von **9** über den Zehner: **„Eins innen, … außen.“**

ZÜ von 9

9 ⊕ 2

9 ⊕ 1 ⊕ 1 ⊜ ☐☐

☐ ⊕ ☐

☐ ⊕ ☐ ⊕ ☐ ⊜ ☐☐

☐ ⊕ ☐

☐ ⊕ ☐ ⊕ ☐ ⊜ ☐☐

☐ ⊕ ☐

☐ ⊕ ☐ ⊕ ☐ ⊜ ☐☐

☐ ⊕ ☐

☐ ⊕ ☐ ⊕ ☐ ⊜ ☐☐

☐ ⊕ ☐

☐ ⊕ ☐ ⊕ ☐ ⊜ ☐☐

☐ ⊕ ☐

☐ ⊕ ☐ ⊕ ☐ ⊜ ☐☐

☐ ⊕ ☐

☐ ⊕ ☐ ⊕ ☐ ⊜ ☐☐

Von **9** über den Zehner: Male und umrahme volle Zehner rot.

ZÜ von 9

innen: 1 außen: 2

9 ⊕ 3 ⊜ ☐☐

innen: ______ außen: ______

9 ⊕ 5 ⊜ ☐☐

innen: ______ außen: ______

9 ⊕ 9 ⊜ ☐☐

innen: ______ außen: ______

9 ⊕ 2 ⊜ ☐☐

innen: ______ außen: ______

9 ⊕ 4 ⊜ ☐☐

innen: ______ außen: ______

9 ⊕ 6 ⊜ ☐☐

innen: ______ außen: ______

9 ⊕ 8 ⊜ ☐☐

innen: ______ außen: ______

9 ⊕ 7 ⊜ ☐☐

Sprich laut und schreibe auf.

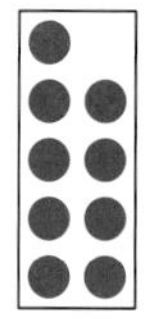

ZÜ von 9

9 + 8	1	innen	7	außen	= ☐☐
9 + 5	☐	innen	☐	außen	= ☐☐
9 + 4	☐	innen	☐	außen	= ☐☐
9 + 3	☐	innen	☐	außen	= ☐☐
9 + 7	☐	innen	☐	außen	= ☐☐
9 + 9	☐	innen	☐	außen	= ☐☐
9 + 6	☐	innen	☐	außen	= ☐☐
9 + 2	☐	innen	☐	außen	= ☐☐

Von **9** über den Zehner: **„Eins innen, ... außen."**

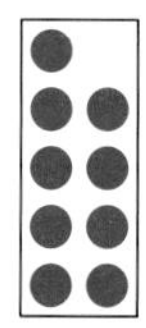

ZÜ von 9

9 + 5 = ☐☐
innen: 1 außen: 4

9 + 3 = ☐☐
innen: außen:

9 + 7 = ☐☐
innen: außen:

9 + 9 = ☐☐
innen: außen:

9 + 3 = ☐☐
innen: außen:

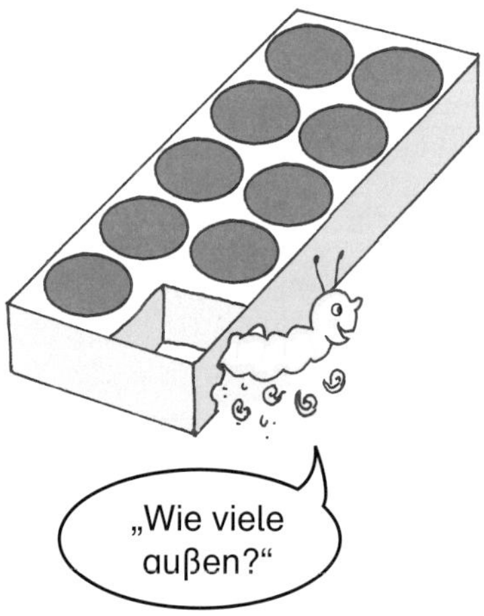

9 + 8 = ☐☐
innen: außen:

9 + 1 = ☐☐
innen: außen:

9 + 6 = ☐☐
innen: außen:

9 + 2 = ☐☐
innen: außen:

9 + 4 = ☐☐
innen: außen:

Was gehört zusammen? Male gleich an.

ZÜ von 9

9 + 2 =

12

innen 1 außen 2

9 + 8 =

innen 1 außen 8

9 + 9 =

9 + 3 =

14

innen 1 außen 1

9 + 7 =

innen 1 außen 5

17

innen 1 außen 4

innen 1 außen 6

innen 1 außen 3

16

9 + 6 =

9 + 4 =

13

15

9 + 5 =

18

innen 1 außen 7

11

ZÜ von 9

9 + 2 = ☐☐

innen: 1 außen: 1

19 + 2 = ☐☐

29 + 2 = ☐☐

39 + 2 = ☐☐

49 + 2 = ☐☐

59 + 2 = ☐☐

69 + 2 = ☐☐

79 + 2 = ☐☐

9 + 3 = ☐☐

innen: außen:

19 + 3 = ☐☐

29 + 3 = ☐☐

39 + 3 = ☐☐

49 + 3 = ☐☐

59 + 3 = ☐☐

69 + 3 = ☐☐

79 + 3 = ☐☐

ZÜ von 9

9 + 4 = ___

innen: 1 außen: 3

19 + 4 = ___

29 + 4 = ___

39 + 4 = ___

49 + 4 = ___

59 + 4 = ___

69 + 4 = ___

79 + 4 = ___

9 + 5 = ___

innen: außen:

19 + 5 = ___

29 + 5 = ___

39 + 5 = ___

49 + 5 = ___

59 + 5 = ___

69 + 5 = ___

79 + 5 = ___

ZÜ von 9

9 + 6 = ___

innen: 1 außen: 5

19 + 6 = ___

29 + 6 = ___

39 + 6 = ___

49 + 6 = ___

59 + 6 = ___

69 + 6 = ___

79 + 6 = ___

9 + 7 = ___

innen: außen:

19 + 7 = ___

29 + 7 = ___

39 + 7 = ___

49 + 7 = ___

59 + 7 = ___

69 + 7 = ___

79 + 7 = ___

ZÜ von 9

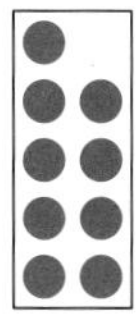

9 + 8 = ☐☐

innen: 1 außen: 7

19 + 8 = ☐☐

29 + 8 = ☐☐

39 + 8 = ☐☐

49 + 8 = ☐☐

59 + 8 = ☐☐

69 + 8 = ☐☐

79 + 8 = ☐☐

9 + 9 = ☐☐

innen: außen:

19 + 9 = ☐☐

29 + 9 = ☐☐

39 + 9 = ☐☐

49 + 9 = ☐☐

59 + 9 = ☐☐

69 + 9 = ☐☐

79 + 9 = ☐☐

ZÜ von 9

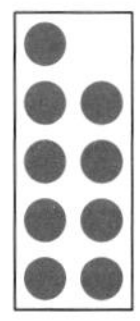

9 + 6 = ☐☐

19 + 6 = ☐☐

innen: 1 außen: 5

9 + 5 = ☐☐

39 + 5 = ☐☐

innen: außen:

9 + 3 = ☐☐

29 + 3 = ☐☐

innen: außen:

9 + 8 = ☐☐

69 + 8 = ☐☐

innen: außen:

9 + 4 = ☐☐

79 + 4 = ☐☐

innen: außen:

9 + 2 = ☐☐

89 + 2 = ☐☐

innen: außen:

9 + 9 = ☐☐

49 + 9 = ☐☐

innen: außen:

9 + 7 = ☐☐

79 + 7 = ☐☐

innen: außen:

Kleine Aufgabe, große Aufgabe?

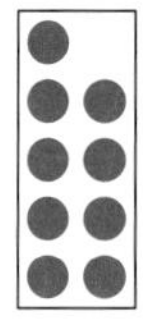

ZÜ von 9

„Verbinde."

„Ich helfe mit!"

9 + 3 = ☐☐
innen: 1 außen: 2

9 + 8 = ☐☐
innen: außen:

9 + 2 = ☐☐
innen: außen:

9 + 9 = ☐☐
innen: außen:

39 + 5 = ☐☐

29 + 3 = ☐☐

19 + 6 = ☐☐

89 + 2 = ☐☐

69 + 8 = ☐☐

79 + 7 = ☐☐

49 + 9 = ☐☐

79 + 4 = ☐☐

9 + 6 = ☐☐
innen: außen:

9 + 5 = ☐☐
innen: außen:

9 + 4 = ☐☐
innen: außen:

9 + 7 = ☐☐
innen: außen:

Bis 100: Von **9** über den Zehner!

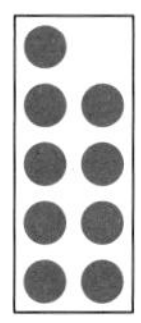

ZÜ von 9

39 + 6 = ☐☐
innen: 1 außen: 5

29 + 5 = ☐☐
innen: außen:

89 + 1 = ☐☐
innen: außen:

59 + 2 = ☐☐
innen: außen:

39 + 7 = ☐☐
innen: außen:

„Welcher Zehner wird voll?"

19 + 2 = ☐☐
innen: außen:

49 + 3 = ☐☐
innen: außen:

69 + 9 = ☐☐
innen: außen:

79 + 4 = ☐☐
innen: außen:

39 + 5 = ☐☐
innen: außen:

Schneider: Rechnen ohne Stolperstein, Zehnerübergang mit Plus. Illustrationen: Kristina Klotz

Bis 100: Von 9 über den Zehner!

ZÜ von 9

49 + 6 = ☐☐
innen: 1 außen: 5

69 + 5 = ☐☐
innen: außen:

79 + 1 = ☐☐
innen: außen:

39 + 2 = ☐☐
innen: außen:

89 + 7 = ☐☐
innen: außen:

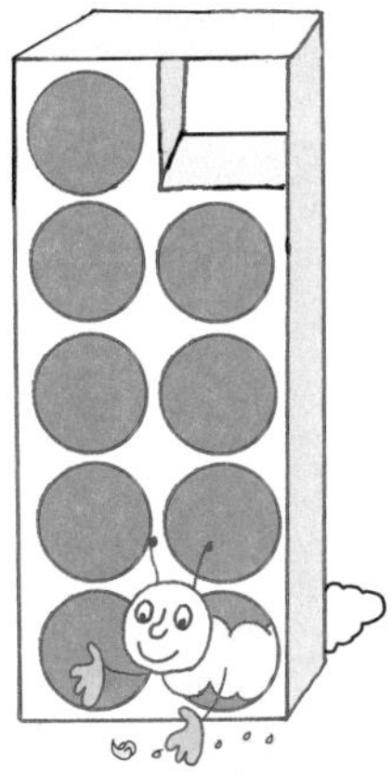

29 + 2 = ☐☐
innen: außen:

19 + 3 = ☐☐
innen: außen:

89 + 9 = ☐☐
innen: außen:

59 + 4 = ☐☐
innen: außen:

69 + 5 = ☐☐
innen: außen:

Was gehört zusammen? Male in der gleichen Farbe an.

ZÜ von 9

19 + 2 | innen 1 außen 1 | 39 + 3 | 49 + 4

21 | 42 | innen 1 außen 2 | innen 1 außen 3

69 + 5 | 79 + 6 | 53 | 59 + 7

innen 1 außen 4 | innen 1 außen 5 | 98 | innen 1 außen 6 | 37

74 | 85 | 66

innen 1 außen 7 | 29 + 8 | innen 1 außen 8 | 89 + 9

Dieses Heft gehört:

____

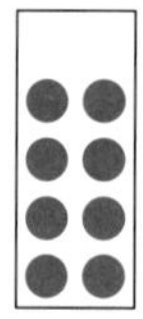

ZÜ von 8

Von **8** über den Zehner

Wie viele fehlen innen? Male und schreibe Einer blau, umrahme volle Schachteln rot.

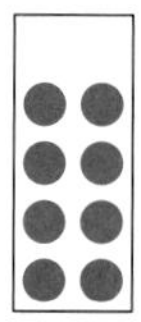

ZÜ von 8

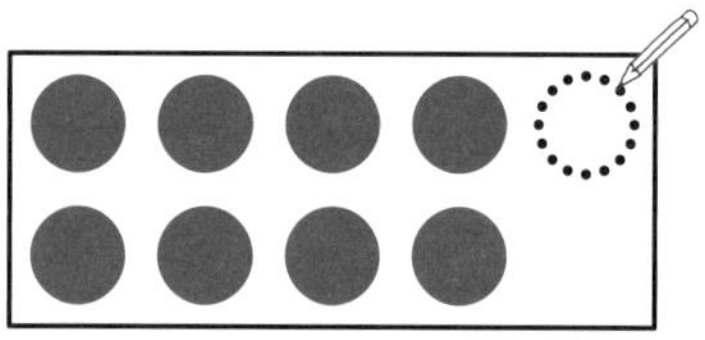

2

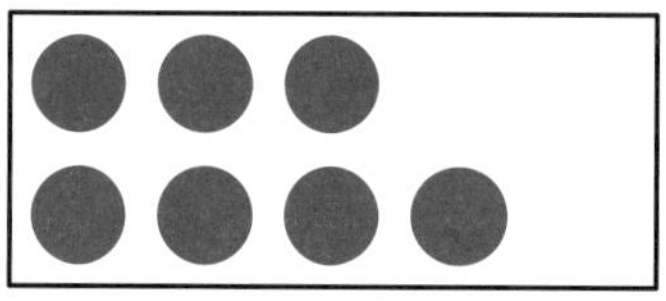

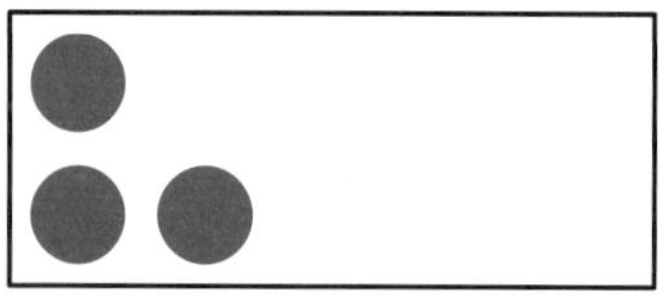

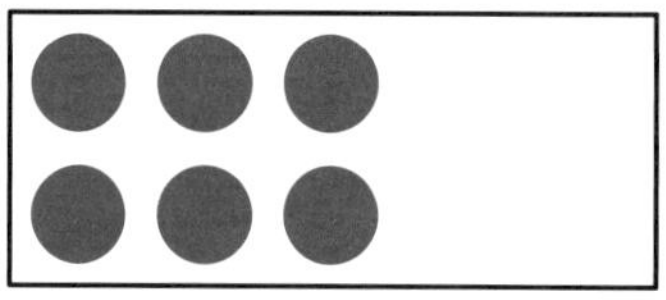

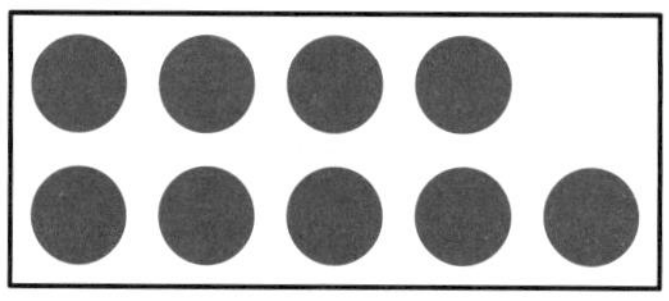

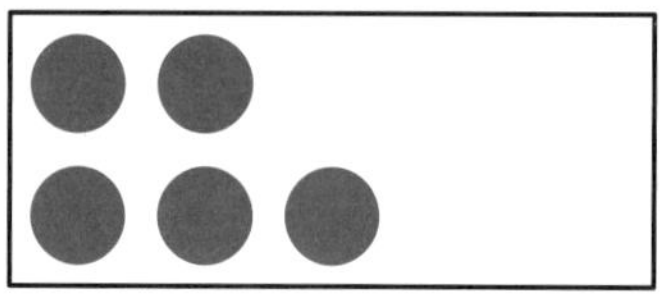

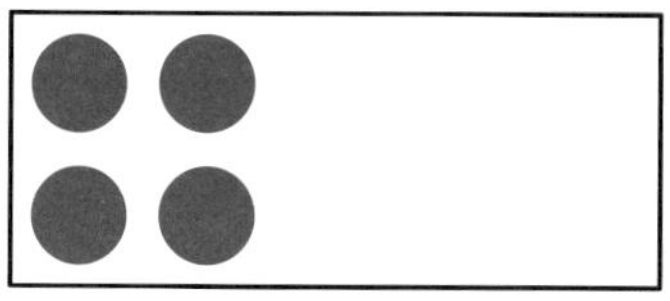

Zerlege immer in 2 und ...!

ZÜ von 8

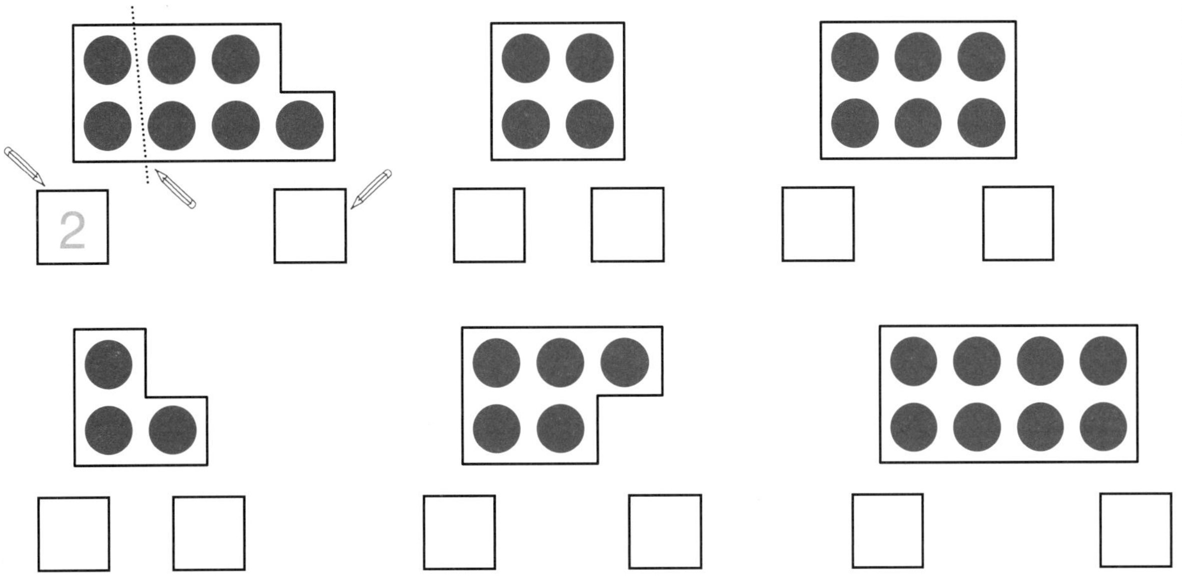

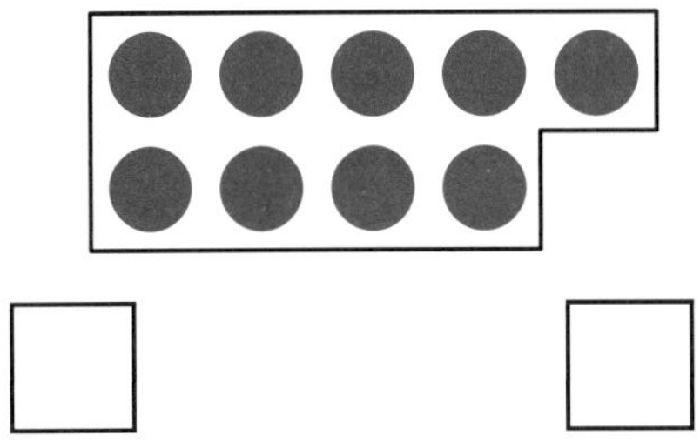

Zerlege immer in 2 und ...!

ZÜ von 8

6	2	4		9	2	
8	2			3	2	
4	2			7	2	
5	2					

Von **8** über den Zehner: **„Zwei innen, ... außen."**

ZÜ von 8

8 ⊕ 9

8 ⊕ 2 ⊕ 7 ⊜ ☐☐

☐ ⊕ ☐

☐ ⊕ ☐ ⊕ ☐ ⊜ ☐☐

☐ ⊕ ☐

☐ ⊕ ☐ ⊕ ☐ ⊜ ☐☐

☐ ⊕ ☐

☐ ⊕ ☐ ⊕ ☐ ⊜ ☐☐

☐ ⊕ ☐

☐ ⊕ ☐ ⊕ ☐ ⊜ ☐☐

☐ ⊕ ☐

☐ ⊕ ☐ ⊕ ☐ ⊜ ☐☐

☐ ⊕ ☐

☐ ⊕ ☐ ⊕ ☐ ⊜ ☐☐

Von **8** über den Zehner: Male und umrahme volle Zehner rot.

ZÜ von 8

innen: 2 außen: 1

8 ⊕ 3 ⊜ ☐☐

innen: ___ außen: ___

8 ⊕ 5 ⊜ ☐☐

innen: ___ außen: ___

8 ⊕ 9 ⊜ ☐☐

innen: ___ außen: ___

8 ⊕ 8 ⊜ ☐☐

innen: ___ außen: ___

8 ⊕ 6 ⊜ ☐☐

innen: ___ außen: ___

8 ⊕ 7 ⊜ ☐☐

innen: ___ außen: ___

8 ⊕ 4 ⊜ ☐☐

Sprich laut und schreibe auf.

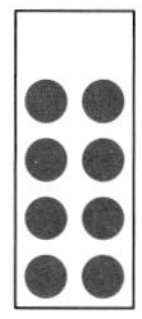

ZÜ von 8

8 + 8	2	innen	6	außen	=		
8 + 5		innen		außen	=		
8 + 4		innen		außen	=		
8 + 3		innen		außen	=		
8 + 7		innen		außen	=		
8 + 9		innen		außen	=		
8 + 6		innen		außen	=		

Von **8** über den Zehner: **„Zwei innen, ... außen."**

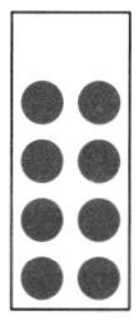

ZÜ von 8

8 + 5 = ☐☐
innen: 2 außen: 3

8 + 3 = ☐☐
innen: außen:

8 + 7 = ☐☐
innen: außen:

8 + 9 = ☐☐
innen: außen:

8 + 3 = ☐☐
innen: außen:

8 + 6 = ☐☐
innen: außen:

8 + 8 = ☐☐
innen: außen:

8 + 6 = ☐☐
innen: außen:

8 + 4 = ☐☐
innen: außen:

8 + 2 = ☐☐
innen: außen:

Was gehört zusammen? Male gleich an.

ZÜ von 8

8 + 9 =

12

innen 2 außen 2

innen 2 außen 1

14

8 + 7 =

8 + 3 =

13

8 + 8 =

innen 2 außen 5

innen 2 außen 4

innen 2 außen 6

17

innen 2 außen 3

8 + 6 =

8 + 4 =

15

8 + 5 =

16

innen 2 außen 7

11

Von **8** und **9** über den Zehner!

ZÜ von 8

9 + 6 = ☐☐	innen: 1	außen: 5
8 + 6 = ☐☐	innen:	außen:
9 + 8 = ☐☐	innen:	außen:
8 + 8 = ☐☐	innen:	außen:
9 + 9 = ☐☐	innen:	außen:

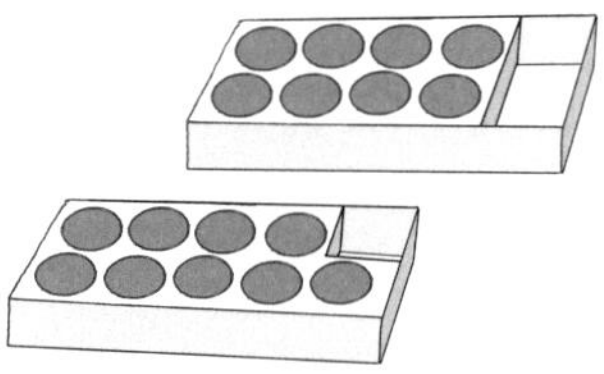

8 + 9 = ☐☐	innen:	außen:
9 + 7 = ☐☐	innen:	außen:
8 + 7 = ☐☐	innen:	außen:
9 + 5 = ☐☐	innen:	außen:
8 + 3 = ☐☐	innen:	außen:

Schneider: Rechnen ohne Stolperstein, Zehnerübergang mit Plus. Illustrationen: Kristina Klotz

Von **8** und **9**: Verbinde gleiche Ergebnisse.

ZÜ von 8

9 + 6 = ☐☐
innen: 1 außen: 5

8 + 6 = ☐☐
innen: außen:

9 + 2 = ☐☐
innen: außen:

8 + 5 = ☐☐
innen: außen:

9 + 8 = ☐☐
innen: außen:

9 + 5 = ☐☐
innen: außen:

8 + 7 = ☐☐
innen: außen:

8 + 9 = ☐☐
innen: außen:

9 + 4 = ☐☐
innen: außen:

8 + 3 = ☐☐
innen: außen:

Zwei Aufgaben – ein Ergebnis! Was fehlt?

ZÜ von 8

8 + 3 (innen: 2, außen: 1) — **11** — 9 + ☐ (innen: , außen:)

9 + ☐ (innen: , außen:) — **15** — 8 + ☐ (innen: , außen:)

8 + ☐ (innen: , außen:) — **12** — 9 + ☐ (innen: , außen:)

8 + ☐ (innen: , außen:) — **14** — 9 + ☐ (innen: , außen:)

9 + ☐ (innen: , außen:) — **13** — 8 + ☐ (innen: , außen:)

ZÜ von 8

8 + 3 = ___

innen: 2 außen:

18 + 3 = ___

28 + 3 = ___

38 + 3 = ___

48 + 3 = ___

58 + 3 = ___

68 + 3 = ___

78 + 3 = ___

8 + 4 = ___

innen: außen:

18 + 4 = ___

28 + 4 = ___

38 + 4 = ___

48 + 4 = ___

58 + 4 = ___

68 + 4 = ___

78 + 4 = ___

ZÜ von 8

8 + 5 = ___

innen: 2 außen:

18 + 5 = ___

28 + 5 = ___

38 + 5 = ___

48 + 5 = ___

58 + 5 = ___

68 + 5 = ___

78 + 5 = ___

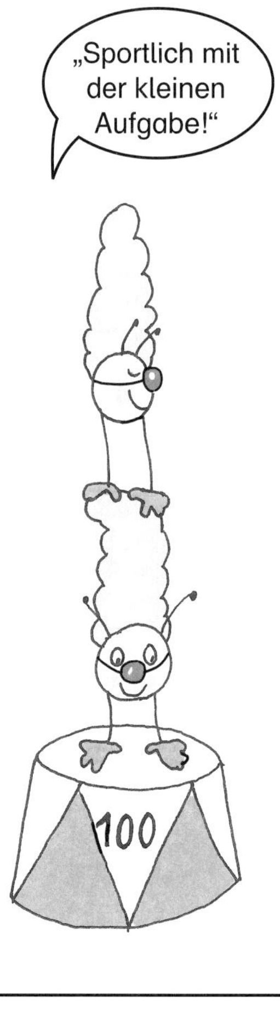

8 + 6 = ___

innen: außen:

18 + 6 = ___

28 + 6 = ___

38 + 6 = ___

48 + 6 = ___

58 + 6 = ___

68 + 6 = ___

78 + 6 = ___

Schneider: Rechnen ohne Stolperstein, Zehnerübergang mit Plus. Illustrationen: Kristina Klotz

8 + 7 = __

innen: 2 außen:

18 + 7 = __

28 + 7 = __

38 + 7 = __

48 + 7 = __

58 + 7 = __

68 + 7 = __

78 + 7 = __

8 + 8 = __

innen: außen:

18 + 8 = __

28 + 8 = __

38 + 8 = __

48 + 8 = __

58 + 8 = __

68 + 8 = __

78 + 8 = __

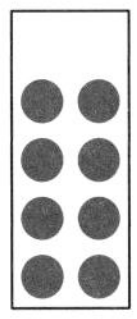

ZÜ von 8

8 + 9 = __

innen: 2 außen:

18 + 9 = __

28 + 9 = __

38 + 9 = __

48 + 9 = __

58 + 9 = __

68 + 9 = __

78 + 9 = __

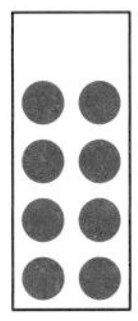

ZÜ von 8

8 + 5 = __

18 + 5 = __

innen: außen:

8 + 7 = __

18 + 7 = __

innen: außen:

8 + 6 = __

18 + 6 = __

innen: außen:

Kleine Aufgabe, große Aufgabe?

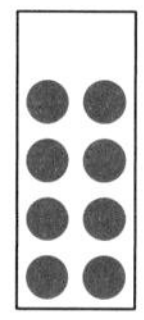

ZÜ von 8

8 + 3 = ___

innen: 2 außen: 1

8 + 4 = ___

innen: außen:

8 + 5 = ___

innen: außen:

8 + 6 = ___

innen: außen:

38 + 5 = ___

28 + 3 = ___

18 + 6 = ___

88 + 4 = ___

68 + 8 = ___

78 + 7 = ___

48 + 9 = ___

78 + 4 = ___

8 + 7 = ___

innen: außen:

8 + 8 = ___

innen: außen:

8 + 9 = ___

innen: außen:

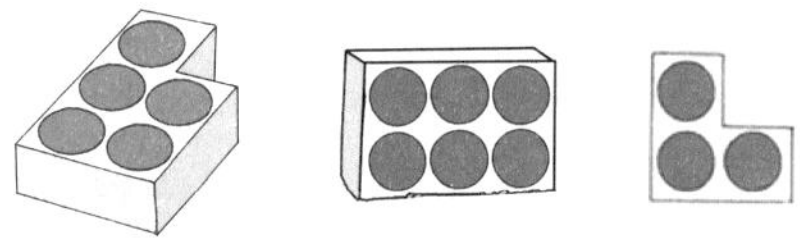

Bis 100: Von **8** über den Zehner!

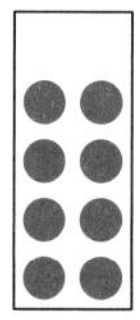

ZÜ von 8

38 + 6 = ___

innen: 2 außen: 4

28 + 5 = ___

innen: außen:

88 + 3 = ___

innen: außen:

58 + 8 = ___

innen: außen:

38 + 7 = ___

innen: außen:

18 + 2 = ___

innen: außen:

48 + 3 = ___

innen: außen:

68 + 9 = ___

innen: außen:

78 + 4 = ___

innen: außen:

28 + 7 = ___

innen: außen:

Was gehört zusammen? Male gleich an.

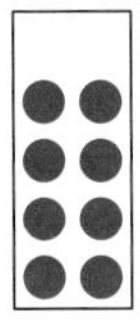

ZÜ von 8

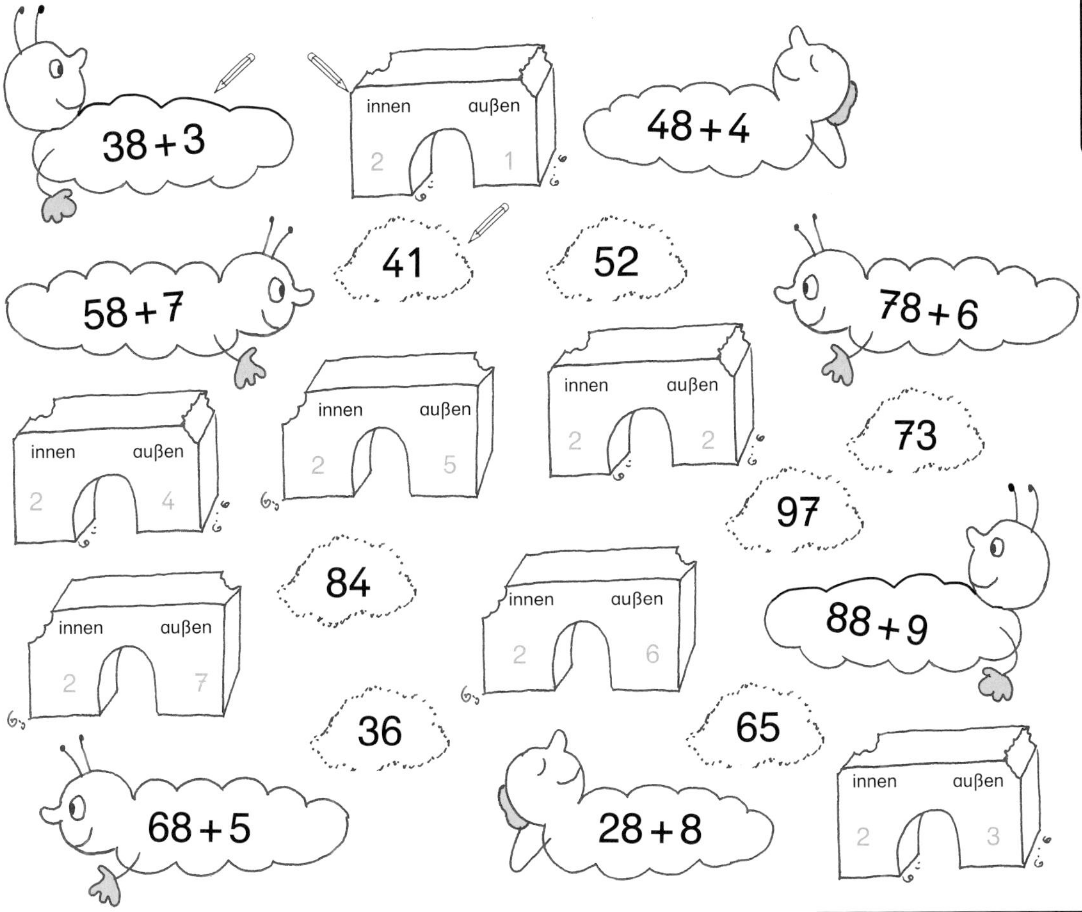

Von **8** oder von **9** springen – bis 100!

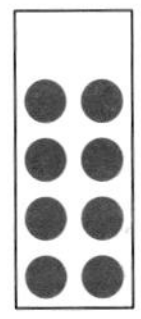

ZÜ von 8

39 ⊕ 6 ⊜ ☐☐
innen: 1 außen: 5

28 ⊕ 5 ⊜ ☐☐
innen: außen:

19 ⊕ 8 ⊜ ☐☐
innen: außen:

59 ⊕ 2 ⊜ ☐☐
innen: außen:

38 ⊕ 7 ⊜ ☐☐
innen: außen:

18 ⊕ 4 ⊜ ☐☐
innen: außen:

49 ⊕ 3 ⊜ ☐☐
innen: außen:

68 ⊕ 9 ⊜ ☐☐
innen: außen:

79 ⊕ 4 ⊜ ☐☐
innen: außen:

78 ⊕ 3 ⊜ ☐☐
innen: außen:

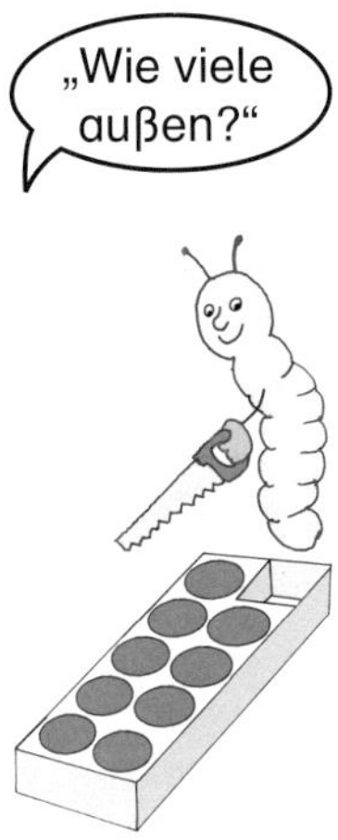

Verbinde gleiche Ergebnisse.

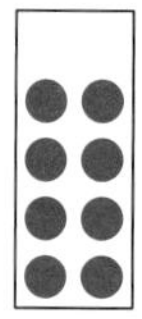

ZÜ von 8

38 + 6 = ☐☐
innen: 2 außen: 4

39 + 3 = ☐☐
innen: außen:

29 + 7 = ☐☐
innen: außen:

28 + 5 = ☐☐
innen: außen:

28 + 3 = ☐☐
innen: außen:

38 + 4 = ☐☐
innen: außen:

28 + 8 = ☐☐
innen: außen:

39 + 5 = ☐☐
innen: außen:

29 + 4 = ☐☐
innen: außen:

29 + 2 = ☐☐
innen: außen:

Zwei Aufgaben – ein Ergebnis! Was fehlt?

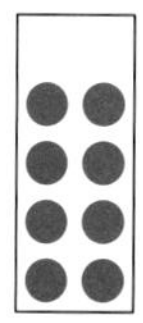

ZÜ von 8

18 + 6 — **24** — 19 + ☐
innen: 2 außen: 4 | innen: außen:

38 + ☐ — **41** — 39 + ☐
innen: außen: | innen: außen:

39 + ☐ — **45** — 38 + ☐
innen: außen: | innen: außen:

49 + ☐ — **52** — 48 + ☐
innen: außen: | innen: außen:

58 + ☐ — **66** — 59 + ☐
innen: außen: | innen: außen:

Dieses Heft gehört:

ZÜ von 7

Von 7 über den Zehner

Wie viele fehlen innen? Male und schreibe Einer blau, umrahme volle Schachteln rot.

ZÜ von 7

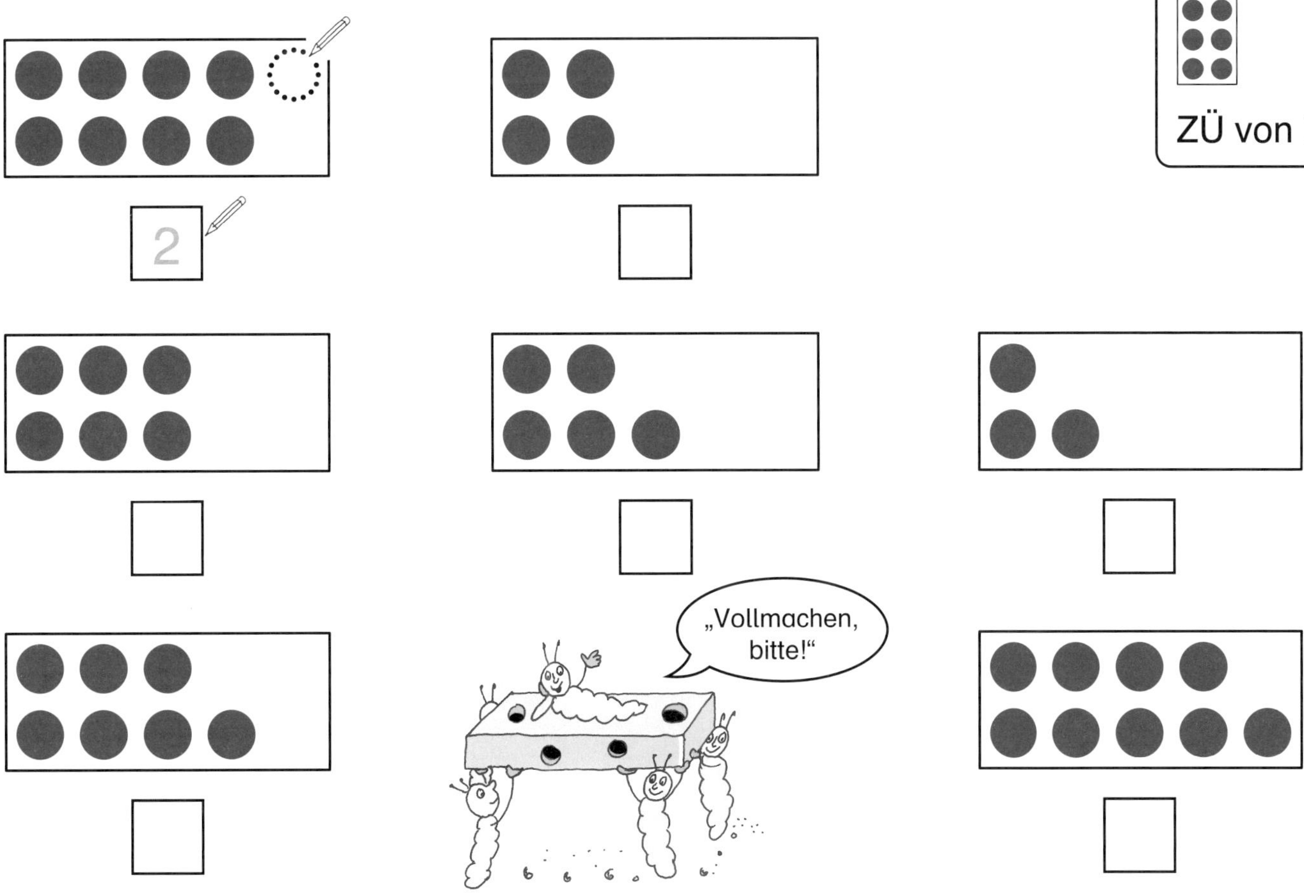

Zerlege immer in 3 und ...!

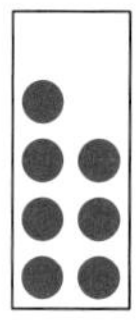

ZÜ von 7

Zerlege immer in 3 und ...!

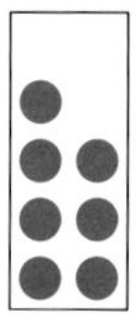

ZÜ von 7

6	3	3
8	3	
4	3	

9	3	
3	3	
7	3	
5	3	

Schneider: Rechnen ohne Stolperstein, Zehnerübergang mit Plus. Illustrationen: Kristina Klotz

Von 7 über den Zehner: **„Drei innen, … außen.“**

ZÜ von 7

7 + 9

7 + 3 + 6 = ___

___ + ___

___ + ___ + ___ = ___

___ + ___

___ + ___ + ___ = ___

___ + ___

___ + ___ + ___ = ___

___ + ___

___ + ___ + ___ = ___

___ + ___

___ + ___ + ___ = ___

___ + ___

___ + ___ + ___ = ___

Von 7 über den Zehner: Male und umrahme volle Zehner rot.

ZÜ von 7

innen: 3 außen: 1

7 + 4 = ___

innen: ___ außen: ___

7 + 5 = ___

innen: ___ außen: ___

7 + 6 = ___

innen: ___ außen: ___

7 + 8 = ___

innen: ___ außen: ___

7 + 9 = ___

innen: ___ außen: ___

7 + 7 = ___

Sprich laut und schreibe auf.

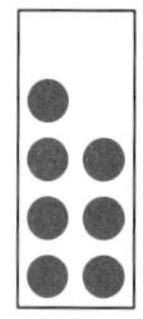

ZÜ von 7

7 + 8	3 innen	☐ außen	= ☐☐
7 + 5	☐ innen	☐ außen	= ☐☐
7 + 4	☐ innen	☐ außen	= ☐☐
7 + 6	☐ innen	☐ außen	= ☐☐
7 + 7	☐ innen	☐ außen	= ☐☐
7 + 9	☐ innen	☐ außen	= ☐☐
7 + 3	☐ innen	☐ außen	= ☐☐

Von 7 über den Zehner: **„Drei innen, ... außen.“**

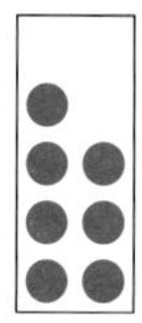

ZÜ von 7

7 + 5 = ☐☐
innen: 3 außen: 2

7 + 2 = ☐☐
innen: außen:

7 + 7 = ☐☐
innen: außen:

7 + 9 = ☐☐
innen: außen:

7 + 6 = ☐☐
innen: außen:

7 + 6 = ☐☐
innen: außen:

7 + 8 = ☐☐
innen: außen:

7 + 3 = ☐☐
innen: außen:

7 + 4 = ☐☐
innen: außen:

7 + 1 = ☐☐
innen: außen:

Was gehört zusammen? Male gleich an.

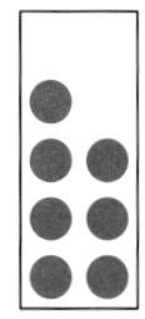

ZÜ von 7

12

14

innen außen
3 2

7 + 9 =

innen außen
3 1

7 + 8 =

innen außen
3 6

7 + 7 =

innen außen
3 3

innen außen
3 4

16

7 + 6 =

7 + 4 =

15

7 + 5 =

13

innen außen
3 5

11

Von **7** und **8** über den Zehner!

ZÜ von 7

7 ⊕ 5 ⊜		innen: 3	außen: 2	8 ⊕ 4 ⊜	innen: außen:
8 ⊕ 8 ⊜		innen:	außen:	7 ⊕ 4 ⊜	innen: außen:
8 ⊕ 7 ⊜		innen:	außen:	8 ⊕ 5 ⊜	innen: außen:
7 ⊕ 6 ⊜		innen:	außen:	7 ⊕ 8 ⊜	innen: außen:
8 ⊕ 6 ⊜		innen:	außen:	7 ⊕ 7 ⊜	innen: außen:

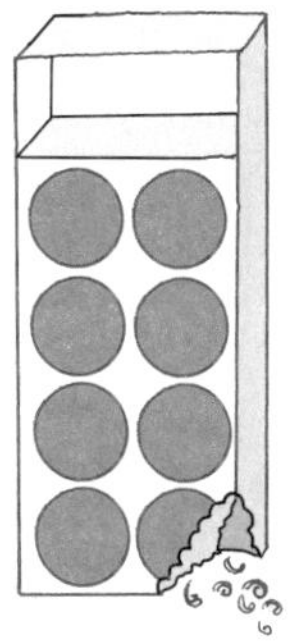

Von **7** und **8**: Verbinde gleiche Ergebnisse.

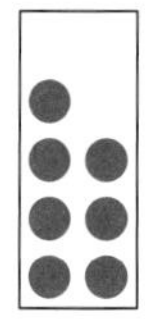

ZÜ von 7

7 + 6 = ☐☐	innen: 3	außen: 3
8 + 6 = ☐☐	innen:	außen:
7 + 4 = ☐☐	innen:	außen:
7 + 5 = ☐☐	innen:	außen:
8 + 8 = ☐☐	innen:	außen:

8 + 3 = ☐☐	innen:	außen:
8 + 5 = ☐☐	innen:	außen:
7 + 7 = ☐☐	innen:	außen:
7 + 9 = ☐☐	innen:	außen:
8 + 4 = ☐☐	innen:	außen:

Zwei Aufgaben – ein Ergebnis! Was fehlt?

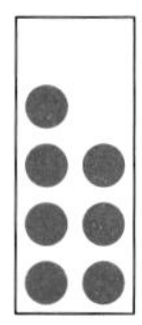

ZÜ von 7

Aufgabe 1	innen	außen	Ergebnis	Aufgabe 2	innen	außen
8 + 4	innen: 2	außen: 2	12	7 + ☐	innen:	außen:
7 + ☐	innen:	außen:	13	8 + ☐	innen:	außen:
7 + ☐	innen:	außen:	14	8 + ☐	innen:	außen:
8 + ☐	innen:	außen:	14	7 + ☐	innen:	außen:
7 + ☐	innen:	außen:	16	8 + ☐	innen:	außen:

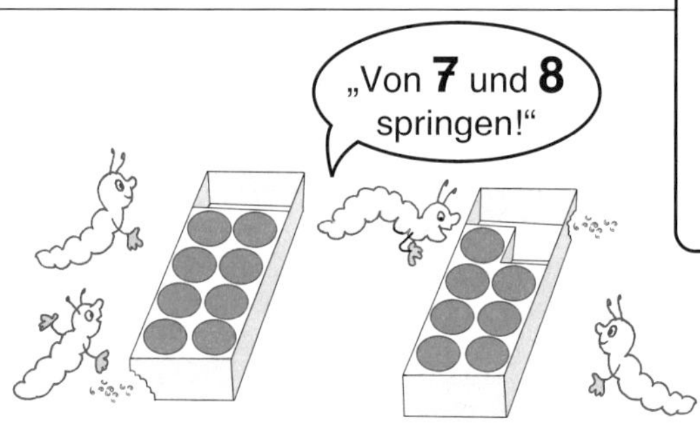

Schneider: Rechnen ohne Stolperstein, Zehnerübergang mit Plus. Illustrationen: Kristina Klotz

Von 7, 8 und 9 über den Zehner!

ZÜ von 7

7 + 4 = ___
innen: 3 außen: 1

8 + 6 = ___
innen: außen:

9 + 3 = ___
innen: außen:

7 + 5 = ___
innen: außen:

8 + 5 = ___
innen: außen:

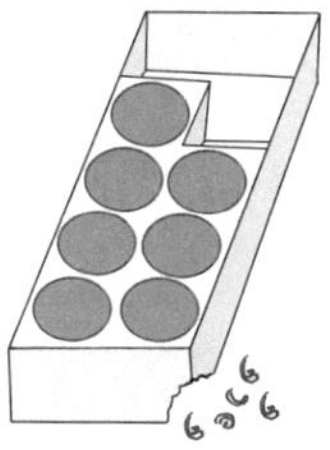

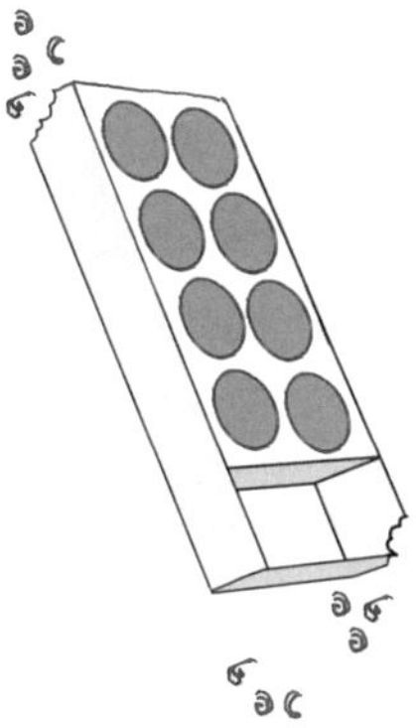

7 + 6 = ___
innen: außen:

9 + 7 = ___
innen: außen:

8 + 4 = ___
innen: außen:

9 + 8 = ___
innen: außen:

7 + 8 = ___
innen: außen:

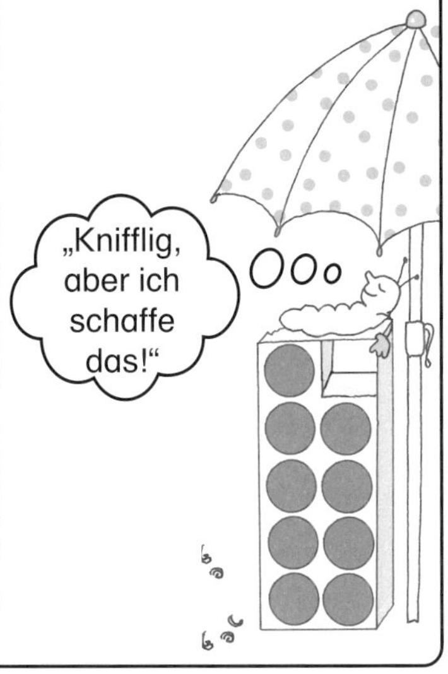

Drei Aufgaben – ein Ergebnis!

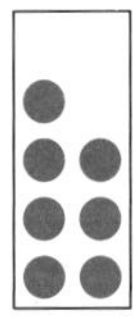

ZÜ von 7

7 + 4
innen: 3
außen: 1

8 + 3
innen:
außen:

9 + 2
innen:
außen:

Ergebnis: ___

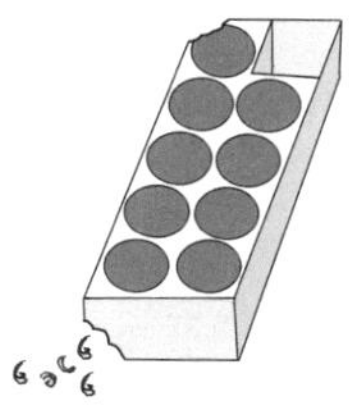

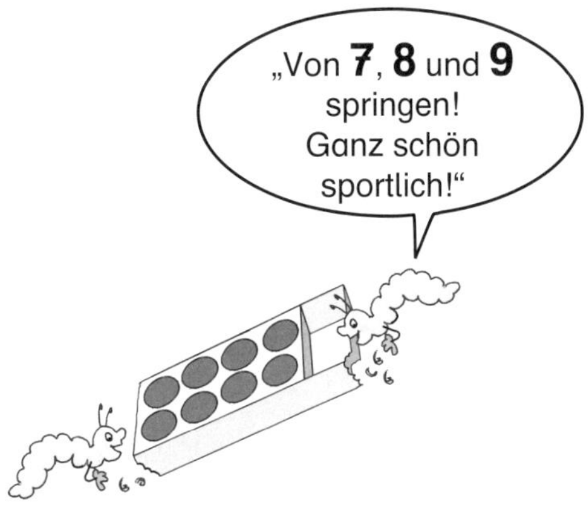

8 + 5
innen:
außen:

7 + 6
innen:
außen:

9 + 4
innen:
außen:

Ergebnis: ___

7 + 9
innen:
außen:

8 + 8
innen:
außen:

9 + 7
innen:
außen:

Ergebnis: ___

ZÜ von 7

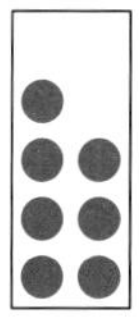

7 + 4 = ☐☐

innen: 3 außen:

17 + 4 = ☐☐

27 + 4 = ☐☐

37 + 4 = ☐☐

47 + 4 = ☐☐

57 + 4 = ☐☐

67 + 4 = ☐☐

77 + 4 = ☐☐

7 + 5 = ☐☐

innen: außen:

17 + 5 = ☐☐

27 + 5 = ☐☐

37 + 5 = ☐☐

47 + 5 = ☐☐

57 + 5 = ☐☐

67 + 5 = ☐☐

77 + 5 = ☐☐

ZÜ von 7

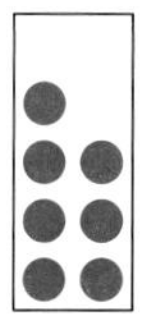

7 + 6 = ☐☐

innen: 3 außen:

17 + 6 = ☐☐

27 + 6 = ☐☐

37 + 6 = ☐☐

47 + 6 = ☐☐

57 + 6 = ☐☐

67 + 6 = ☐☐

77 + 6 = ☐☐

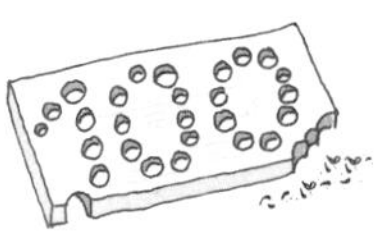

7 + 7 = ☐☐

innen: außen:

17 + 7 = ☐☐

27 + 7 = ☐☐

37 + 7 = ☐☐

47 + 7 = ☐☐

57 + 7 = ☐☐

67 + 7 = ☐☐

77 + 7 = ☐☐

Schneider: Rechnen ohne Stolperstein, Zehnerübergang mit Plus. Illustrationen: Kristina Klotz

ZÜ von 7

7 + 8 =

innen: 3 außen:

7 + 9 =

innen: außen:

17 + 8 =

27 + 8 =

37 + 8 =

47 + 8 =

57 + 8 =

67 + 8 =

77 + 8 =

17 + 9 =

27 + 9 =

37 + 9 =

47 + 9 =

57 + 9 =

67 + 9 =

77 + 9 =

Rechne mit der kleinen Aufgabe.

ZÜ von 7

7 + 8 =
67 + 8 =

innen: 3 außen: 5

7 + 9 =
37 + 9 =

innen: außen:

7 + 4 =
77 + 4 =

innen: außen:

7 + 7 =
57 + 7 =

innen: außen:

7 + 6 =
87 + 7 =

innen: außen:

7 + 6 =
27 + 6 =

innen: außen:

7 + 5 =
17 + 5 =

innen: außen:

7 + 9 =
47 + 9 =

innen: außen:

Kleine Aufgabe, große Aufgabe?

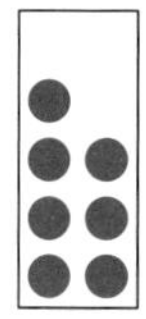

ZÜ von 7

37 + 5 = ☐☐

27 + 4 = ☐☐

17 + 6 = ☐☐

87 + 5 = ☐☐

67 + 8 = ☐☐

77 + 7 = ☐☐

47 + 9 = ☐☐

77 + 4 = ☐☐

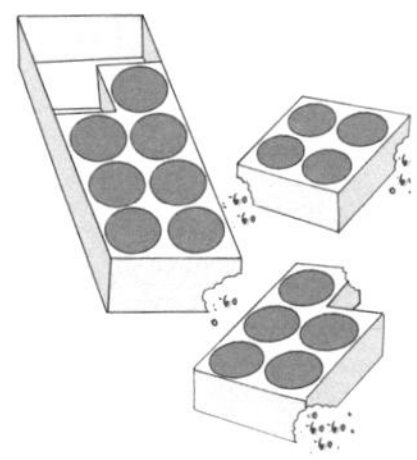

7 + 4 = ☐☐

innen: 1 außen: 3

7 + 5 = ☐☐

innen: außen:

7 + 6 = ☐☐

innen: außen:

7 + 7 = ☐☐

innen: außen:

7 + 8 = ☐☐

innen: außen:

7 + 9 = ☐☐

innen: außen:

Bis 100: Von 7 über den Zehner!

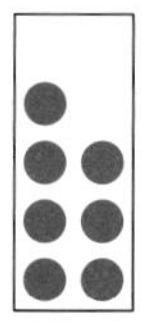

ZÜ von 7

27 + 4 = ☐☐

innen: 3 außen: 1

17 + 5 = ☐☐

innen: außen:

67 + 7 = ☐☐

innen: außen:

47 + 6 = ☐☐

innen: außen:

87 + 3 = ☐☐

innen: außen:

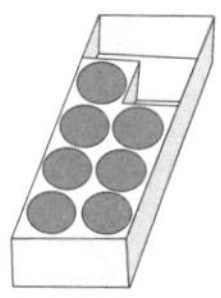

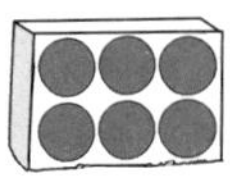

37 + 8 = ☐☐

innen: außen:

17 + 8 = ☐☐

innen: außen:

57 + 4 = ☐☐

innen: außen:

77 + 8 = ☐☐

innen: außen:

27 + 5 = ☐☐

innen: außen:

Bis 100: Von 7 über den Zehner!

ZÜ von 7

		innen	außen
37 + 4 =		3	1
47 + 5 =			
77 + 7 =			
57 + 6 =			
27 + 3 =			
47 + 8 =			
27 + 8 =			
67 + 4 =			
87 + 8 =			
37 + 5 =			

Was gehört zusammen? Male gleich an.

ZÜ von 7

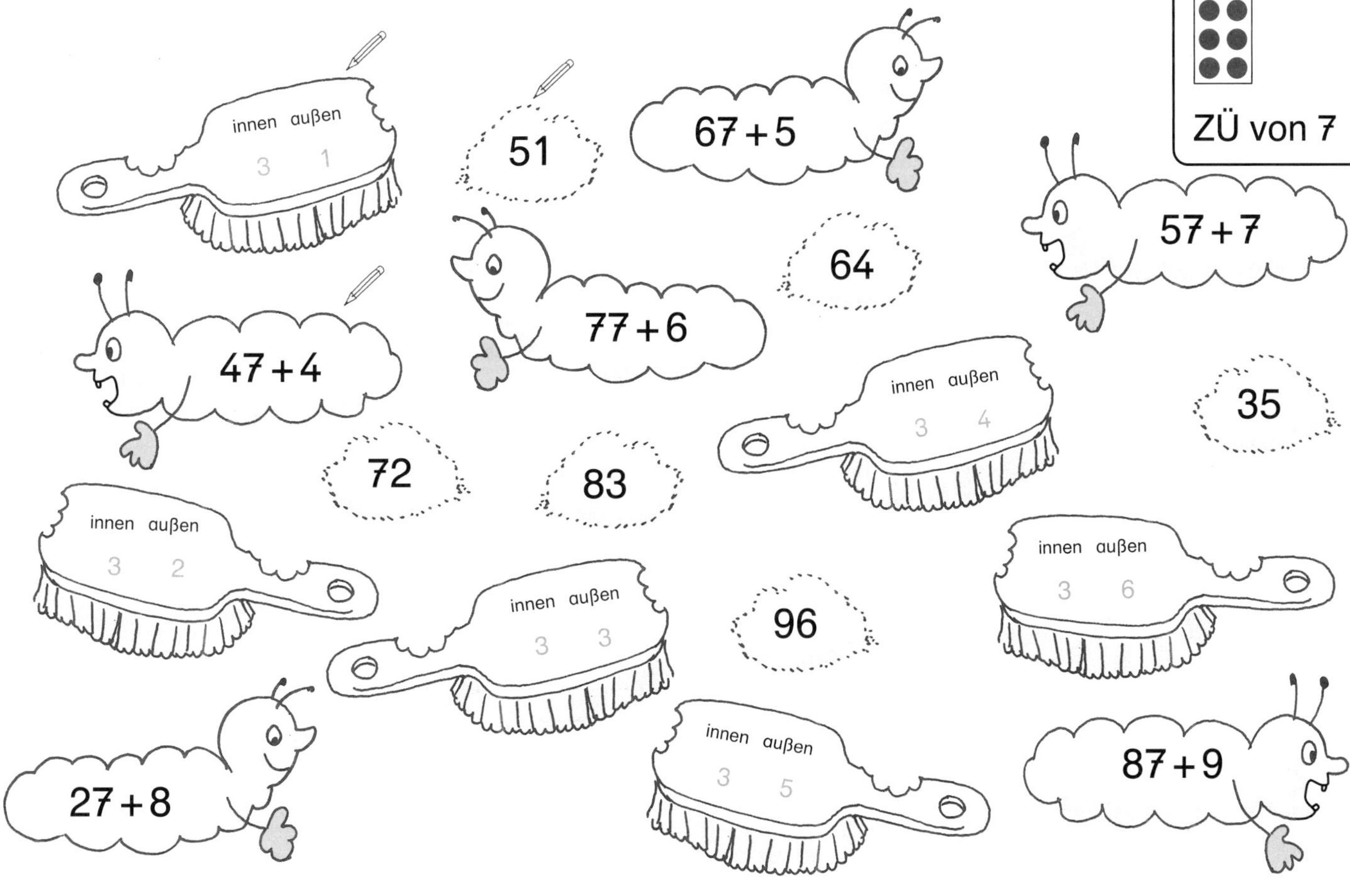

Von **7** oder von **8** springen bis 100 – sportlich!

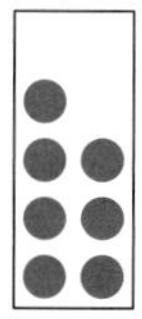

37 ⊕ 5 ⊜ ☐☐

innen: 3 außen: 2

18 ⊕ 6 ⊜ ☐☐

innen: außen:

28 ⊕ 5 ⊜ ☐☐

innen: außen:

47 ⊕ 8 ⊜ ☐☐

innen: außen:

67 ⊕ 7 ⊜ ☐☐

innen: außen:

68 ⊕ 8 ⊜ ☐☐

innen: außen:

58 ⊕ 7 ⊜ ☐☐

innen: außen:

77 ⊕ 9 ⊜ ☐☐

innen: außen:

37 ⊕ 6 ⊜ ☐☐

innen: außen:

18 ⊕ 9 ⊜ ☐☐

innen: außen:

Zwei Aufgaben – ein Ergebnis!

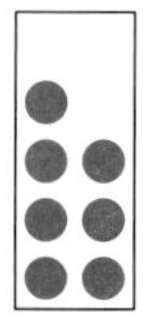

58 ⊕ 5 ◯☐☐ 57 ⊕ 6

innen: 2 außen: 3 | innen: außen:

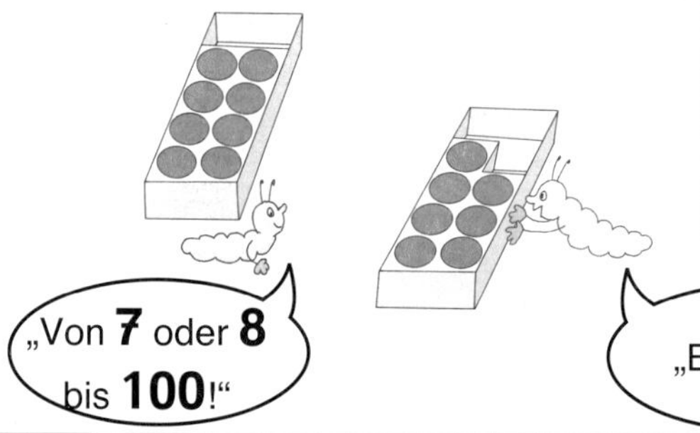

38 ⊕ 7 ◯☐☐ 37 ⊕ 8

innen: außen: | innen: außen:

47 ⊕ 5 ◯☐☐ 48 ⊕ 4

innen: außen: | innen: außen:

77 ⊕ 9 ◯☐☐ 78 ⊕ 8

innen: außen: | innen: außen:

58 ⊕ 3 ◯☐☐ 57 ⊕ 4

innen: außen: | innen: außen:

Immer 3 haben das gleiche Ergebnis. Verbinde.

ZÜ von 7

37 + 5 = ☐☐
innen: 3 außen: 2

38 + 6 = ☐☐
innen: außen:

39 + 3 = ☐☐
innen: außen:

37 + 7 = ☐☐
innen: außen:

38 + 8 = ☐☐
innen: außen:

39 + 5 = ☐☐
innen: außen:

37 + 9 = ☐☐
innen: außen:

38 + 5 = ☐☐
innen: außen:

39 + 7 = ☐☐
innen: außen:

37 + 6 = ☐☐
innen: außen:

38 + 4 = ☐☐
innen: außen:

39 + 4 = ☐☐
innen: außen:

Drei Aufgaben – ein Ergebnis! Was fehlt?

ZÜ von 7

41

38 + 3
innen: 2
außen: 1

37 + ☐
innen:
außen:

39 + ☐
innen:
außen:

53

48 + ☐
innen:
außen:

47 + ☐
innen:
außen:

49 + ☐
innen:
außen:

92

87 + ☐
innen:
außen:

88 + ☐
innen:
außen:

89 + ☐
innen:
außen:

64

58 + ☐
innen:
außen:

59 + ☐
innen:
außen:

57 + ☐
innen:
außen:

Dieses Heft gehört:

____

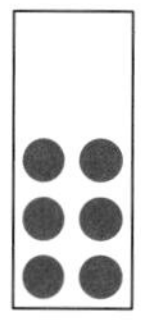

ZÜ von 6

Von **6** über den Zehner

Wie viele fehlen innen? Male und schreibe Einer blau, umrahme volle Schachteln rot.

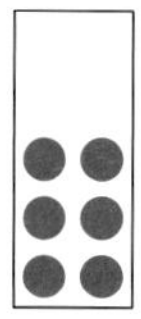

ZÜ von 6

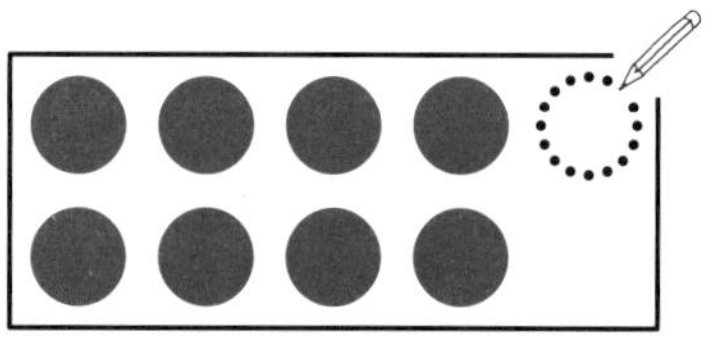

2

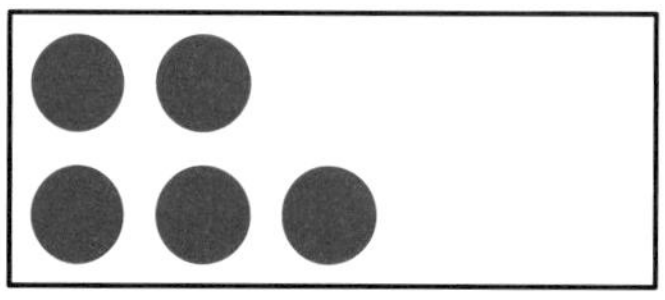

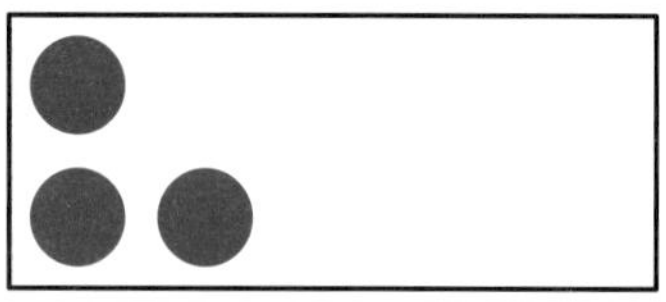

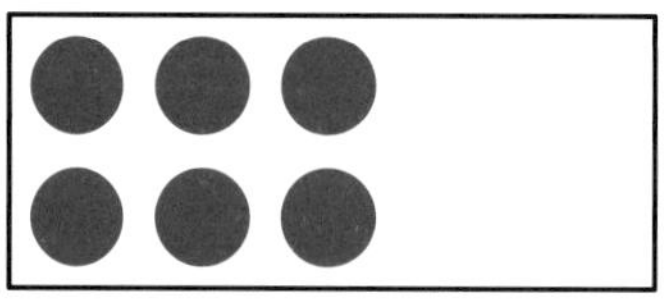

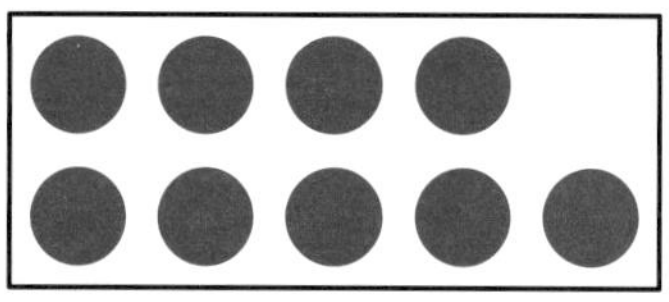

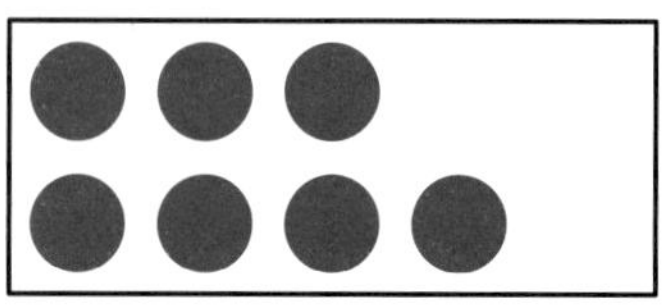

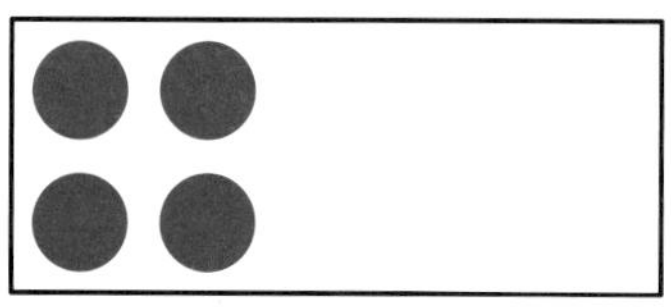

Schneider: Rechnen ohne Stolperstein, Zehnerübergang mit Plus. Illustrationen: Kristina Klotz

Zerlege immer in **4** und ...!

ZÜ von 6

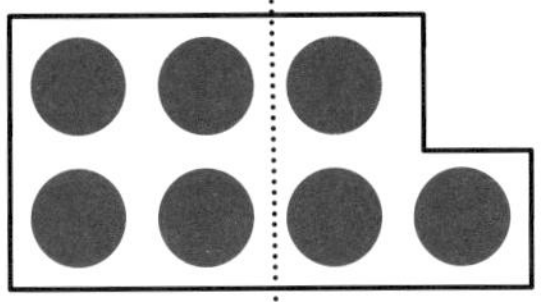

4 |

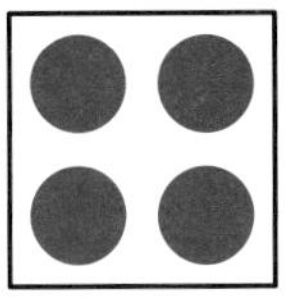

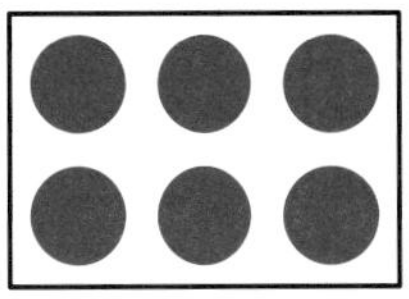

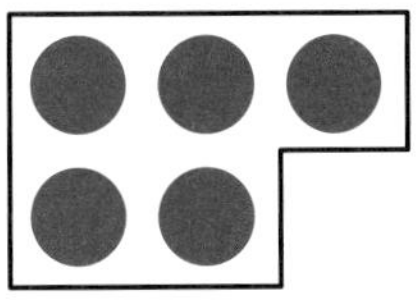

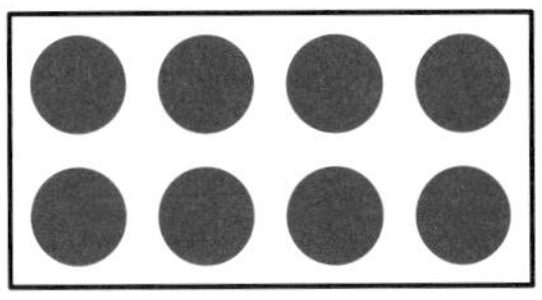

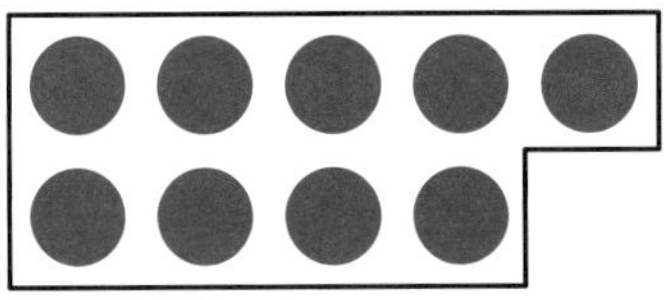

Zerlege immer in **4** und ...!

ZÜ von 6

6	4	2
8	4	

9	4	
5	4	
7	4	

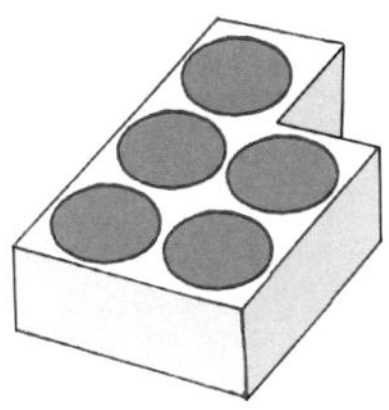

Von **6** über den Zehner: **„Vier innen, … außen.“**

ZÜ von 6

6 ⊕ 9

6 ⊕ 4 ⊕ 5 ⊜ ☐☐

☐ ⊕ ☐

☐ ⊕ ☐ ⊕ ☐ ⊜ ☐☐

☐ ⊕ ☐

☐ ⊕ ☐ ⊕ ☐ ⊜ ☐☐

☐ ⊕ ☐

☐ ⊕ ☐ ⊕ ☐ ⊜ ☐☐

☐ ⊕ ☐

☐ ⊕ ☐ ⊕ ☐ ⊜ ☐☐

Von **6** über den Zehner: Male und umrahme volle Zehner rot.

ZÜ von 6

innen: 4 außen: 1

6 ⊕ 5 ⊜ ☐☐

innen: ______ außen: ______

6 ⊕ 9 ⊜ ☐☐

innen: ______ außen: ______

6 ⊕ 6 ⊜ ☐☐

innen: ______ außen: ______

6 ⊕ 8 ⊜ ☐☐

innen: ______ außen: ______

6 ⊕ 7 ⊜ ☐☐

Schneider: Rechnen ohne Stolperstein, Zehnerübergang mit Plus. Illustrationen: Kristina Klotz

Sprich laut und schreibe auf.

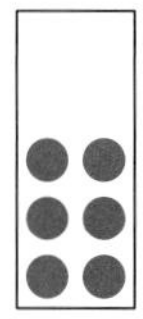

6	+	8	4	innen		außen	=	
6	+	5		innen		außen	=	
6	+	9		innen		außen	=	
6	+	6		innen		außen	=	
6	+	7		innen		außen	=	
6	+	4		innen		außen	=	
6	+	3		innen		außen	=	

„Ich denke an die Plättchen.“

Von **6** über den Zehner: **„Vier innen, … außen.“**

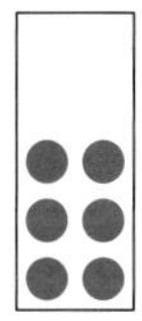

6 + 5 = ☐☐

innen: 4 außen: 1

6 + 8 = ☐☐

innen: außen:

6 + 7 = ☐☐

innen: außen:

6 + 9 = ☐☐

innen: außen:

6 + 6 = ☐☐

innen: außen:

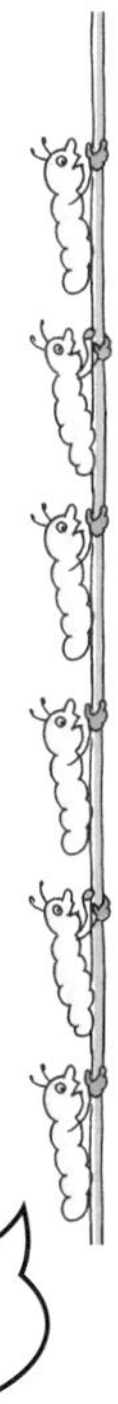

„Ohne Springen!“

6 + 3 = ☐☐

innen: außen:

6 + 4 = ☐☐

innen: außen:

6 + 2 = ☐☐

innen: außen:

„Wie viele außen?“

Was gehört zusammen? Male gleich an.

ZÜ von 6

6 + 9 =

innen 4 außen 2

14

6 + 8 =

innen 4 außen 3

12

innen 4 außen 5

innen 4 außen 0

6 + 6 =

6 + 7 =

10

11

13

innen 4 außen 4

15

innen 4 außen 1

6 + 5 =

6 + 4 =

Von **6** und **7** über den Zehner!

ZÜ von 6

7 + 5 = ☐☐
innen: 3 außen: 2

6 + 8 = ☐☐
innen: außen:

6 + 7 = ☐☐
innen: außen:

7 + 6 = ☐☐
innen: außen:

6 + 6 = ☐☐
innen: außen:

6 + 9 = ☐☐
innen: außen:

7 + 4 = ☐☐
innen: außen:

6 + 5 = ☐☐
innen: außen:

7 + 8 = ☐☐
innen: außen:

7 + 9 = ☐☐
innen: außen:

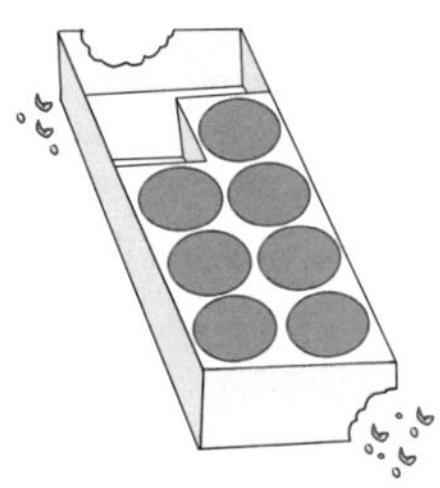

Schneider: Rechnen ohne Stolperstein, Zehnerübergang mit Plus. Illustrationen: Kristina Klotz

Zwei Aufgaben – ein Ergebnis! Was fehlt?

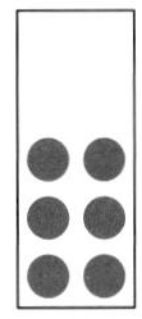

ZÜ von 6

Ergebnis 11
- 6 + 5 (innen: 4, außen: 1)
- 7 + ☐ (innen: , außen:)

Ergebnis 13
- 7 + ☐ (innen: , außen:)
- 6 + ☐ (innen: , außen:)

Ergebnis 15
- 6 + ☐ (innen: , außen:)
- 7 + ☐ (innen: , außen:)

Ergebnis 14
- 6 + ☐ (innen: , außen:)
- 7 + ☐ (innen: , außen:)

Ergebnis 12
- 7 + ☐ (innen: , außen:)
- 6 + ☐ (innen: , außen:)

Von **6**, **7** und **8** über den Zehner!

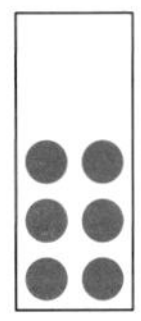

ZÜ von 6

Aufgabe	innen	außen	Aufgabe	innen	außen
6 + 5 = ☐☐	4	1	6 + 6 = ☐☐		
8 + 6 = ☐☐			7 + 7 = ☐☐		
7 + 4 = ☐☐			6 + 7 = ☐☐		
7 + 5 = ☐☐			8 + 4 = ☐☐		
8 + 5 = ☐☐			6 + 9 = ☐☐		

Immer 3 haben das gleiche Ergebnis. Verbinde.

„Von **6**, **7**, **8** über den Zehner! Das trainiert!“

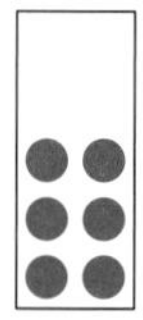

ZÜ von 6

7 + 7 = ☐☐
innen: 3 außen: 4

7 + 4 = ☐☐
innen: außen:

7 + 6 = ☐☐
innen: außen:

7 + 5 = ☐☐
innen: außen:

8 + 3 = ☐☐
innen: außen:

8 + 5 = ☐☐
innen: außen:

8 + 4 = ☐☐
innen: außen:

8 + 6 = ☐☐
innen: außen:

6 + 8 = ☐☐
innen: außen:

6 + 7 = ☐☐
innen: außen:

6 + 6 = ☐☐
innen: außen:

6 + 5 = ☐☐
innen: außen:

Von **6**, **7**, **8** und **9** über den Zehner!

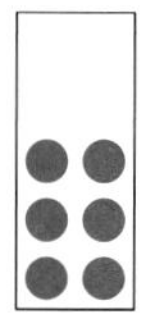

ZÜ von 6

6 + 7 = ☐☐
innen: 4 außen: 3

8 + 5 = ☐☐
innen: außen:

7 + 6 = ☐☐
innen: außen:

9 + 5 = ☐☐
innen: außen:

8 + 3 = ☐☐
innen: außen:

„Ich trainiere zerlegen. Das hilft!“

6 + 5 = ☐☐
innen: außen:

7 + 9 = ☐☐
innen: außen:

8 + 7 = ☐☐
innen: außen:

9 + 4 = ☐☐
innen: außen:

7 + 5 = ☐☐
innen: außen:

Schneider: Rechnen ohne Stolperstein, Zehnerübergang mit Plus. Illustrationen: Kristina Klotz

Vier Aufgaben – ein Ergebnis!

ZÜ von 6

8 ⊕ 5
innen: 2
außen: 3

7 ⊕ 6
innen:
außen:

9 ⊕ 4
innen:
außen:

6 ⊕ 7
innen:
außen:

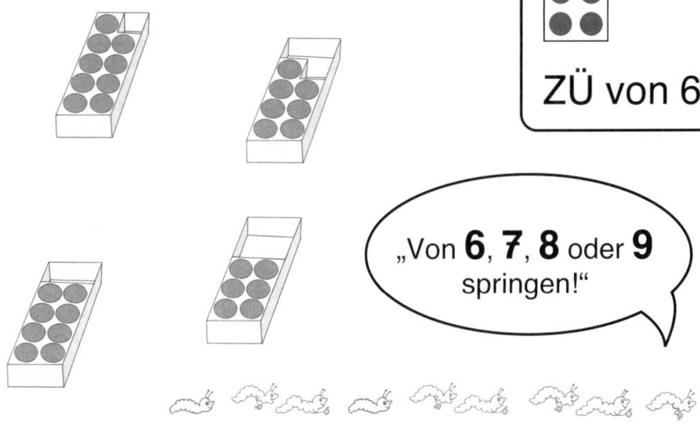

„Von **6**, **7**, **8** oder **9** springen!“

7 ⊕ 7
innen:
außen:

8 ⊕ 6
innen:
außen:

6 ⊕ 8
innen:
außen:

9 ⊕ 5
innen:
außen:

7 ⊕ 5
innen:
außen:

6 ⊕ 6
innen:
außen:

8 ⊕ 4
innen:
außen:

9 ⊕ 3
innen:
außen:

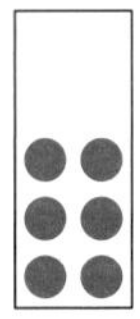

ZÜ von 6

6 ⊕ 5 ⊜ ☐☐
innen: außen:

16 ⊕ 5 ⊜ ☐☐
26 ⊕ 5 ⊜ ☐☐
36 ⊕ 5 ⊜ ☐☐
46 ⊕ 5 ⊜ ☐☐
56 ⊕ 5 ⊜ ☐☐
66 ⊕ 5 ⊜ ☐☐
76 ⊕ 5 ⊜ ☐☐

„Bis **100**! Mit der kleinen Aufgabe!“

6 ⊕ 6 ⊜ ☐☐
innen: außen:

16 ⊕ 6 ⊜ ☐☐
26 ⊕ 6 ⊜ ☐☐
36 ⊕ 6 ⊜ ☐☐
46 ⊕ 6 ⊜ ☐☐
56 ⊕ 6 ⊜ ☐☐
66 ⊕ 6 ⊜ ☐☐
76 ⊕ 6 ⊜ ☐☐

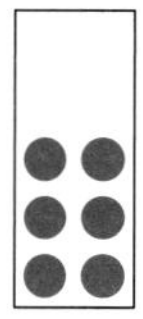

ZÜ von 6

6 + 7 = ___

innen: 4 außen:

16 + 7 = ___

26 + 7 = ___

36 + 7 = ___

46 + 7 = ___

56 + 7 = ___

66 + 7 = ___

76 + 7 = ___

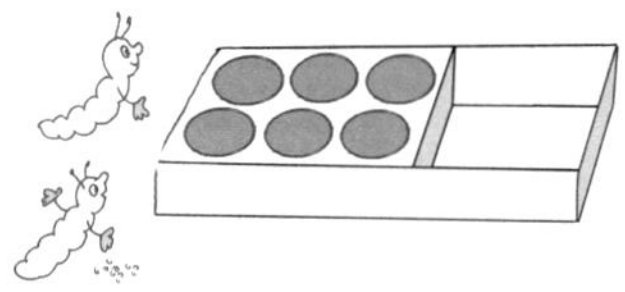

6 + 8 = ___

innen: außen:

16 + 8 = ___

26 + 8 = ___

36 + 8 = ___

46 + 8 = ___

56 + 8 = ___

66 + 8 = ___

76 + 8 = ___

„Die kleine Aufgabe habe ich gut geübt!“

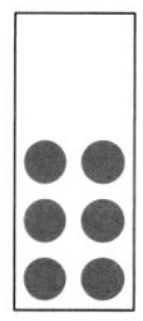

ZÜ von 6

6 + 9 = ___

innen: 4 außen:

16 + 9 = ___

26 + 9 = ___

36 + 9 = ___

46 + 9 = ___

56 + 9 = ___

66 + 9 = ___

76 + 9 = ___

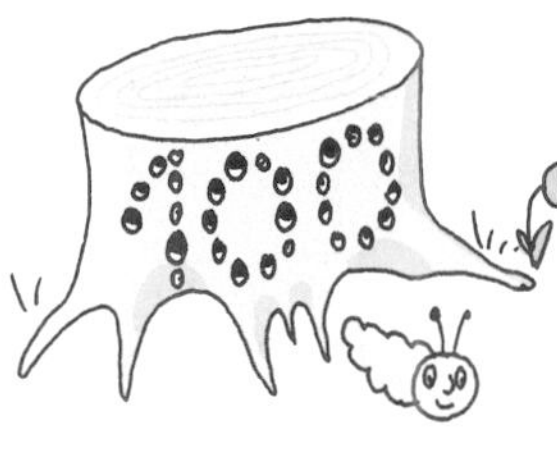

6 + 8 = ___

36 + 8 = ___

innen: außen:

6 + 7 = ___

56 + 7 = ___

innen: außen:

6 + 5 = ___

16 + 5 = ___

innen: außen:

„Ich denke an die kleine Aufgabe!“

Bis 100: Kleine Aufgabe, große Aufgabe?

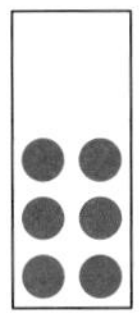

ZÜ von 6

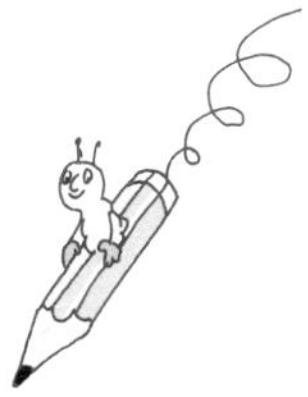

76 + 7 = ☐☐

26 + 9 = ☐☐

16 + 6 = ☐☐

86 + 5 = ☐☐

66 + 8 = ☐☐

36 + 5 = ☐☐

46 + 9 = ☐☐

76 + 8 = ☐☐

6 + 5 = ☐☐
innen: 4 außen: 1

6 + 6 = ☐☐
innen: außen:

6 + 7 = ☐☐
innen: außen:

6 + 8 = ☐☐
innen: außen:

6 + 9 = ☐☐
innen: außen:

Bis 100: Von **6** über den Zehner!

ZÜ von 6

36 + 7 = ☐☐
innen: 4 außen: 3

36 + 9 = ☐☐
innen: außen:

26 + 9 = ☐☐
innen: außen:

16 + 7 = ☐☐
innen: außen:

56 + 7 = ☐☐
innen: außen:

56 + 5 = ☐☐
innen: außen:

26 + 6 = ☐☐
innen: außen:

66 + 8 = ☐☐
innen: außen:

76 + 6 = ☐☐
innen: außen:

46 + 5 = ☐☐
innen: außen:

Bis 100: Von **6** über den Zehner!

ZÜ von 6

26 + 5 = ☐☐	36 + 8 = ☐☐
innen: 4 außen: 1	innen: außen:
16 + 6 = ☐☐	16 + 8 = ☐☐
innen: außen:	innen: außen:
66 + 7 = ☐☐	56 + 4 = ☐☐
innen: außen:	innen: außen:
46 + 6 = ☐☐	76 + 8 = ☐☐
innen: außen:	innen: außen:
86 + 3 = ☐☐	26 + 5 = ☐☐
innen: außen:	innen: außen:

Was gehört zusammen? Male gleich an.

ZÜ von 6

„Hoppla!"

46 + 3

49

innen außen 3 0

71

76 + 6

66 + 5

innen außen 4 2

innen außen 4 1

56 + 7

82

26 + 8

63

34

innen außen 4 3

innen außen 4 4

86 + 9

95

innen außen 4 5

Von **6** oder **7** springen bis 100!

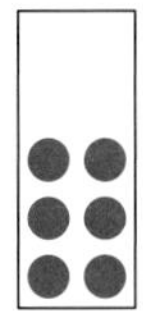

ZÜ von 6

- 56 + 6 = ☐☐ — innen: 4 außen: 2
- 57 + 4 = ☐☐ — innen: außen:
- 77 + 7 = ☐☐ — innen: außen:
- 76 + 7 = ☐☐ — innen: außen:
- 56 + 8 = ☐☐ — innen: außen:
- 76 + 8 = ☐☐ — innen: außen:
- 77 + 6 = ☐☐ — innen: außen:
- 57 + 5 = ☐☐ — innen: außen:
- 56 + 5 = ☐☐ — innen: außen:
- 57 + 7 = ☐☐ — innen: außen:

Zwei Aufgaben – ein Ergebnis! Was fehlt?

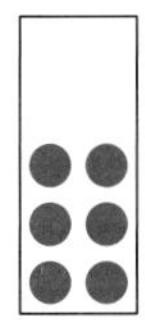

ZÜ von 6

Aufgabe 1	Ergebnis	Aufgabe 2
16 + 5 (innen: 4, außen: 1)	21	17 + ☐ (innen: , außen:)
46 + ☐ (innen: , außen:)	51	47 + ☐ (innen: , außen:)
37 + ☐ (innen: , außen:)	45	36 + ☐ (innen: , außen:)
47 + ☐ (innen: , außen:)	52	46 + ☐ (innen: , außen:)
56 + ☐ (innen: , außen:)	63	57 + ☐ (innen: , außen:)

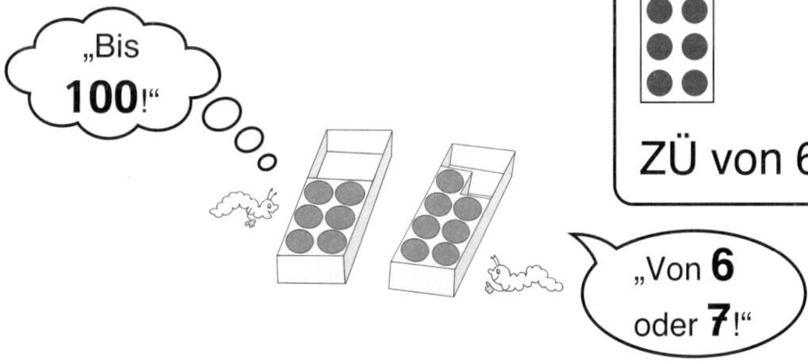

Von **6**, **7** oder **8** springen geht auch bis 100!

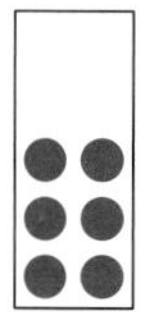

ZÜ von 6

37 + 6 = ☐☐
innen: 3 außen: 3

38 + 6 = ☐☐
innen: außen:

26 + 6 = ☐☐
innen: außen:

27 + 7 = ☐☐
innen: außen:

48 + 7 = ☐☐
innen: außen:

46 + 7 = ☐☐
innen: außen:

67 + 8 = ☐☐
innen: außen:

66 + 8 = ☐☐
innen: außen:

78 + 8 = ☐☐
innen: außen:

16 + 9 = ☐☐
innen: außen:

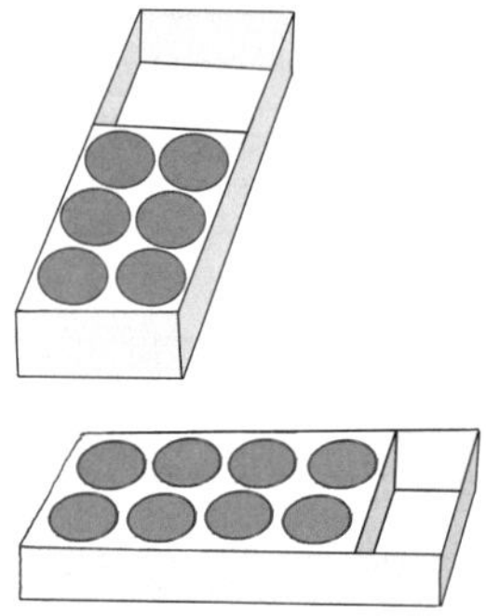

Von **6**, **7** oder **8** bis 100: Verbinde gleiche Ergebnisse.

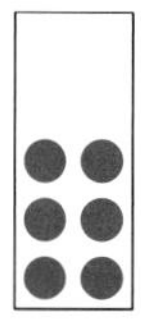

ZÜ von 6

38 + 3 = ☐☐
innen: 2 außen: 1

36 + 6 = ☐☐
innen: außen:

17 + 6 = ☐☐
innen: außen:

16 + 8 = ☐☐
innen: außen:

37 + 7 = ☐☐
innen: außen:

18 + 6 = ☐☐
innen: außen:

38 + 6 = ☐☐
innen: außen:

36 + 5 = ☐☐
innen: außen:

38 + 4 = ☐☐
innen: außen:

16 + 7 = ☐☐
innen: außen:

Schneider: Rechnen ohne Stolperstein, Zehnerübergang mit Plus. Illustrationen: Kristina Klotz

Von **6**, **7**, **8** oder **9** springen geht auch bis 100!

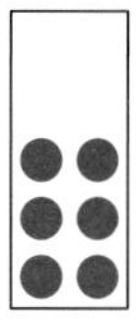

ZÜ von 6

37 + 6 = ☐☐
innen: 3 außen: 3

38 + 6 = ☐☐
innen: außen:

29 + 6 = ☐☐
innen: außen:

26 + 6 = ☐☐
innen: außen:

48 + 7 = ☐☐
innen: außen:

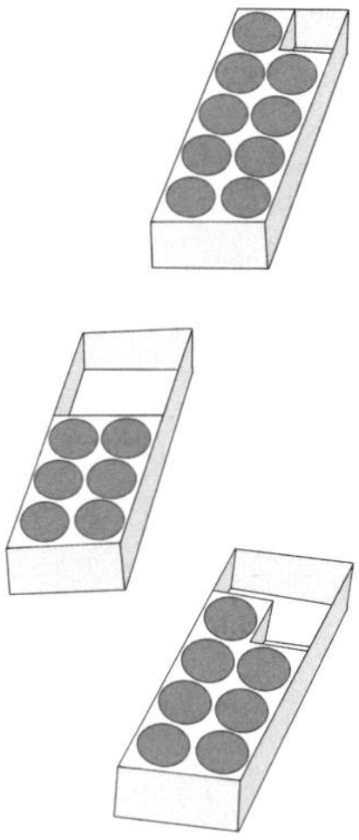

49 + 7 = ☐☐
innen: außen:

67 + 7 = ☐☐
innen: außen:

66 + 7 = ☐☐
innen: außen:

76 + 5 = ☐☐
innen: außen:

19 + 5 = ☐☐
innen: außen:

„Kleine Aufgabe!“

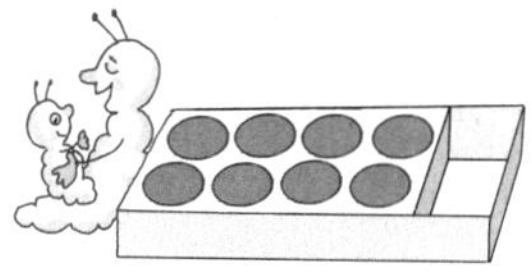

Vier Aufgaben – ein Ergebnis!

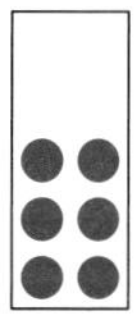

ZÜ von 6

39 + 6
innen: 1
außen: 5

38 + 7
innen:
außen:

☐☐

37 + 8
innen:
außen:

36 + 9
innen:
außen:

68 + 6
innen:
außen:

69 + 5
innen:
außen:

☐☐

67 + 7
innen:
außen:

66 + 8
innen:
außen:

„Bis **100**!“

89 + 3
innen:
außen:

86 + 6
innen:
außen:

☐☐

88 + 4
innen:
außen:

87 + 5
innen:
außen:

„Von **6**, **7**, **8** oder **9** springen!“

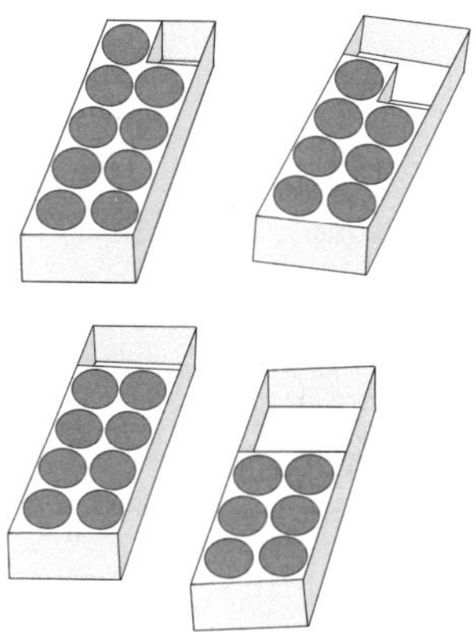

Dieses Heft gehört:

____

ZÜ von 5

Von **5** über den Zehner

Wie viele fehlen innen? Male und schreibe Einer blau, umrahme volle Schachteln rot.

ZÜ von 5

Schneider: Rechnen ohne Stolperstein, Zehnerübergang mit Plus. Illustrationen: Kristina Klotz

Zerlege immer in 5 und ... !

ZÜ von 5

5

9	5	4
7	5	

6	5	
8	5	

Von **5** über den Zehner: **„Fünf innen, … außen."**

ZÜ von 5

5 ⊕ 9

5 ⊕ 4 ⊕ 5 ⊜

Von **5** über den Zehner: Male und umrahme volle Zehner rot.

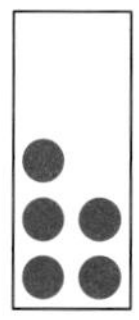

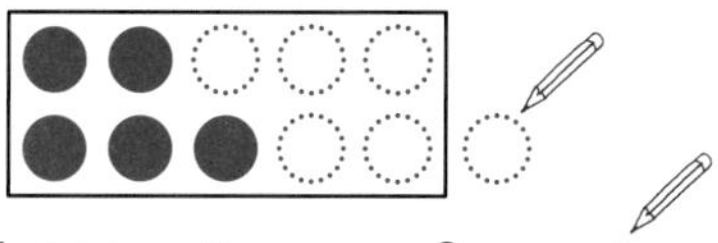

innen: 5 außen: 1

5 ⊕ 6 ⊜ ☐☐

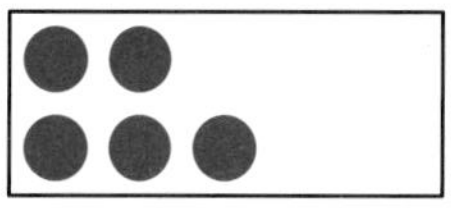

innen: ___ außen: ___

5 ⊕ 9 ⊜ ☐☐

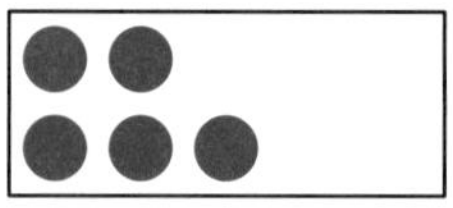

innen: ___ außen: ___

5 ⊕ 8 ⊜ ☐☐

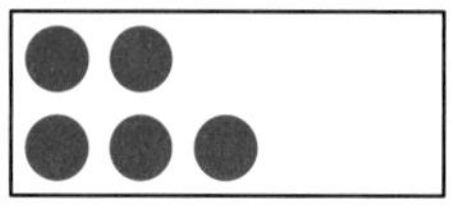

innen: ___ außen: ___

5 ⊕ 7 ⊜ ☐☐

Sprich laut und schreibe auf.

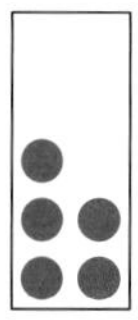

5 + 8	5	innen	☐	außen	= ☐☐
5 + 6	☐	innen	☐	außen	= ☐☐
5 + 9	☐	innen	☐	außen	= ☐☐
5 + 7	☐	innen	☐	außen	= ☐☐
5 + 3	☐	innen	☐	außen	= ☐☐
5 + 4	☐	innen	☐	außen	= ☐☐
5 + 5	☐	innen	☐	außen	= ☐☐

Von **5** über den Zehner: **„Fünf innen, ... außen.“**

ZÜ von 5

5 + 6 = ☐☐
innen: 5 außen: 1

5 + 8 = ☐☐
innen: außen:

5 + 7 = ☐☐
innen: außen:

5 + 9 = ☐☐
innen: außen:

5 + 4 = ☐☐
innen: außen:

5 + 5 = ☐☐
innen: außen:

5 + 3 = ☐☐
innen: außen:

5 + 2 = ☐☐
innen: außen:

Was gehört zusammen? Male gleich an.

ZÜ von 5

5 + 9 =

innen außen 5 2

innen außen 5 0

12

5 + 7 =

innen außen 5 1

13

innen außen 5 4

14

10

11

5 + 6 =

5 + 5 =

innen außen 5 3

5 + 8 =

Von **5** und **6** über den Zehner!

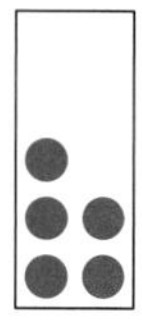

ZÜ von 5

5 + 6 = ☐☐

innen: 5 außen: 1

6 + 6 = ☐☐

innen: außen:

5 + 8 = ☐☐

innen: außen:

6 + 8 = ☐☐

innen: außen:

5 + 9 = ☐☐

innen: außen:

6 + 9 = ☐☐

innen: außen:

5 + 7 = ☐☐

innen: außen:

6 + 7 = ☐☐

innen: außen:

6 + 5 = ☐☐

innen: außen:

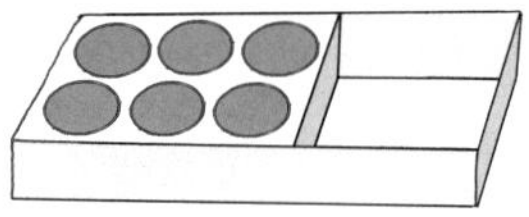

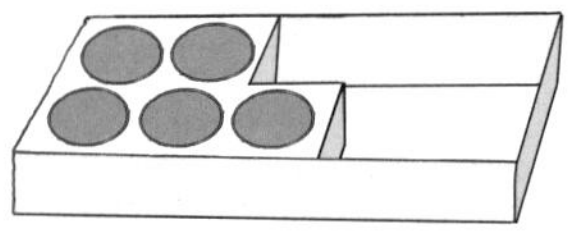

Von **5** und **6**: Verbinde gleiche Ergebnisse.

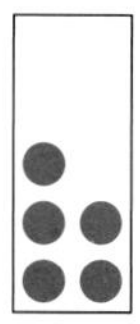

ZÜ von 5

5 + 6 = ☐☐

innen: 5 außen: 1

6 + 7 = ☐☐

innen: außen:

5 + 7 = ☐☐

innen: außen:

5 + 9 = ☐☐

innen: außen:

6 + 3 = ☐☐

innen: außen:

5 + 8 = ☐☐

innen: außen:

6 + 8 = ☐☐

innen: außen:

6 + 5 = ☐☐

innen: außen:

5 + 4 = ☐☐

innen: außen:

6 + 6 = ☐☐

innen: außen:

Schneider: Rechnen ohne Stolperstein, Zehnerübergang mit Plus. Illustrationen: Kristina Klotz

Von **5, 6** und **7** über den Zehner!

ZÜ von 5

6 ⊕ 6 ⊜ ☐☐
innen: 4 außen: 2

7 ⊕ 6 ⊜ ☐☐
innen: außen:

5 ⊕ 6 ⊜ ☐☐
innen: außen:

7 ⊕ 8 ⊜ ☐☐
innen: außen:

5 ⊕ 8 ⊜ ☐☐
innen: außen:

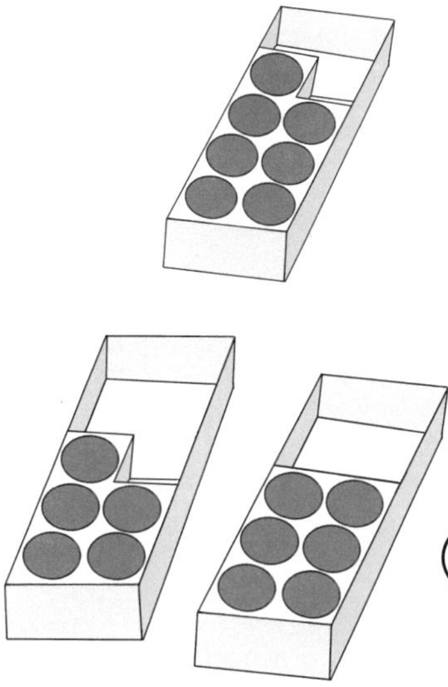

6 ⊕ 8 ⊜ ☐☐
innen: außen:

5 ⊕ 9 ⊜ ☐☐
innen: außen:

6 ⊕ 9 ⊜ ☐☐
innen: außen:

7 ⊕ 9 ⊜ ☐☐
innen: außen:

Drei Aufgaben – ein Ergebnis! Was fehlt?

ZÜ von 5

11

5 ⊕ 6
innen: 5
außen: 1

7 ⊕ ☐
innen:
außen:

6 ⊕ ☐
innen:
außen:

14

6 ⊕ ☐
innen:
außen:

5 ⊕ ☐
innen:
außen:

7 ⊕ ☐
innen:
außen:

12

7 ⊕ ☐
innen:
außen:

6 ⊕ ☐
innen:
außen:

5 ⊕ ☐
innen:
außen:

Von **5, 6, 7** und **8** über den Zehner!

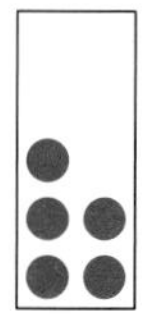
ZÜ von 5

6 + 7 = ☐☐
innen: 4 außen: 3

7 + 7 = ☐☐
innen: außen:

5 + 7 = ☐☐
innen: außen:

8 + 7 = ☐☐
innen: außen:

5 + 8 = ☐☐
innen: außen:

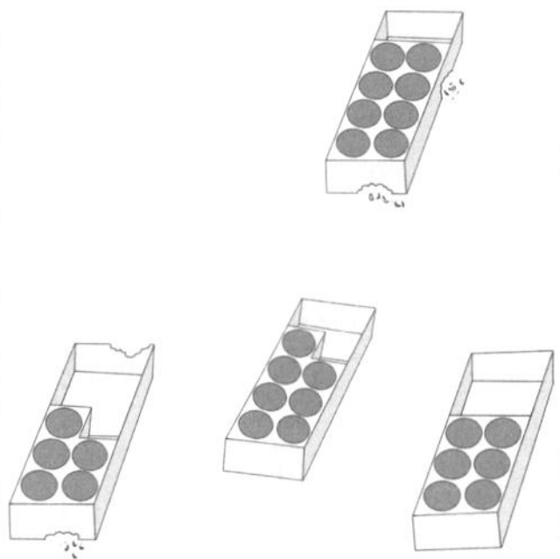

6 + 9 = ☐☐
innen: außen:

8 + 9 = ☐☐
innen: außen:

7 + 9 = ☐☐
innen: außen:

5 + 9 = ☐☐
innen: außen:

7 + 6 = ☐☐
innen: außen:

Vier Aufgaben – ein Ergebnis!

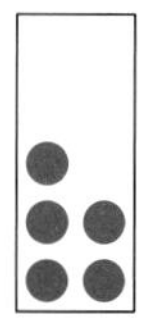
ZÜ von 5

8 + 5
innen: 2
außen: 3

7 + 6
innen:
außen:

9 + 4
innen:
außen:

5 + 8
innen:
außen:

7 + 7
innen:
außen:

8 + 6
innen:
außen:

6 + 8
innen:
außen:

9 + 5
innen:
außen:

7 + 5
innen:
außen:

6 + 6
innen:
außen:

8 + 4
innen:
außen:

9 + 3
innen:
außen:

Schneider: Rechnen ohne Stolperstein, Zehnerübergang mit Plus. Illustrationen: Kristina Klotz

Von **5, 6, 7, 8** und **9** über den Zehner!

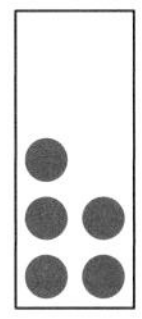

ZÜ von 5

7 + 8 = ☐☐
innen: 3 außen: 5

6 + 8 = ☐☐
innen: außen:

5 + 8 = ☐☐
innen: außen:

8 + 8 = ☐☐
innen: außen:

9 + 8 = ☐☐
innen: außen:

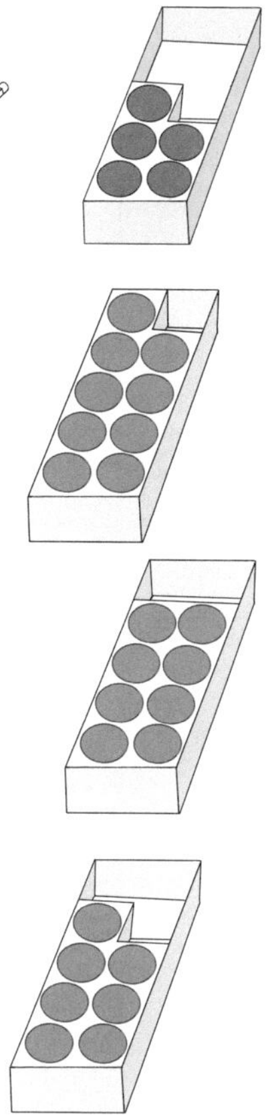

6 + 6 = ☐☐
innen: außen:

8 + 6 = ☐☐
innen: außen:

7 + 6 = ☐☐
innen: außen:

5 + 6 = ☐☐
innen: außen:

9 + 6 = ☐☐
innen: außen:

„Ich denke an die Plättchen!“

Von **5, 6, 7, 8** und **9** über den Zehner!

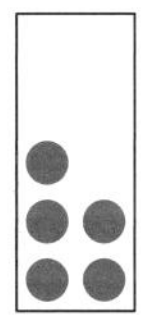

ZÜ von 5

7 + 7 = ☐☐
innen: 3 außen: 4

6 + 7 = ☐☐
innen: außen:

5 + 7 = ☐☐
innen: außen:

8 + 7 = ☐☐
innen: außen:

9 + 2 = ☐☐
innen: außen:

5 + 8 = ☐☐
innen: außen:

7 + 8 = ☐☐
innen: außen:

5 + 6 = ☐☐
innen: außen:

5 + 9 = ☐☐
innen: außen:

9 + 3 = ☐☐
innen: außen:

„Verbinde gleiche Ergebnisse.“

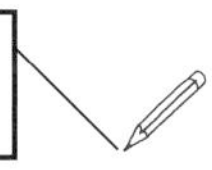

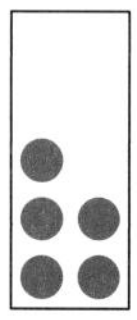

ZÜ von 5

5 + 6 =

innen: 5 außen:

15 + 6 =

25 + 6 =

35 + 6 =

45 + 6 =

55 + 6 =

65 + 6 =

75 + 6 =

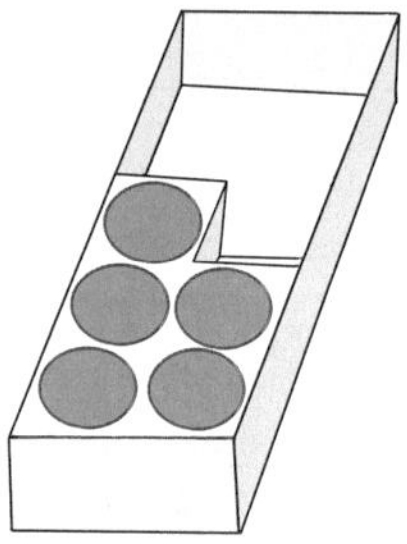

5 + 7 =

innen: außen:

15 + 7 =

25 + 7 =

35 + 7 =

45 + 7 =

55 + 7 =

65 + 7 =

75 + 7 =

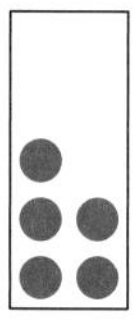

ZÜ von 5

5 + 8 =

innen: 5 außen:

15 + 8 =

25 + 8 =

35 + 8 =

45 + 8 =

55 + 8 =

65 + 8 =

75 + 8 =

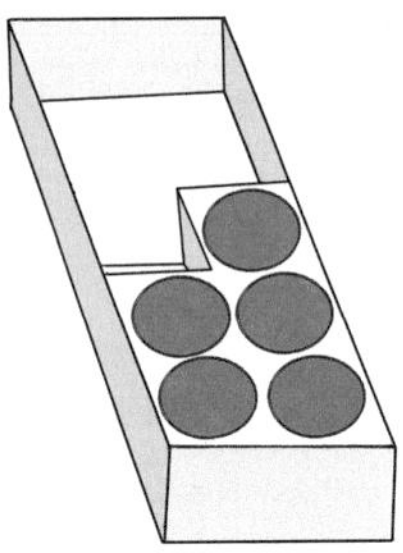

5 + 9 =

innen: außen:

15 + 9 =

25 + 9 =

35 + 9 =

45 + 9 =

55 + 9 =

65 + 9 =

75 + 9 =

Rechne mit der kleinen Aufgabe.

ZÜ von 5

5 + 6 = ☐☐
15 + 6 = ☐☐
innen: 5 außen: 1

5 + 8 = ☐☐
25 + 8 = ☐☐
innen: außen:

5 + 7 = ☐☐
35 + 7 = ☐☐
innen: außen:

5 + 9 = ☐☐
75 + 9 = ☐☐
innen: außen:

5 + 9 = ☐☐
85 + 9 = ☐☐
innen: außen:

5 + 7 = ☐☐
55 + 7 = ☐☐
innen: außen:

Kleine Aufgabe, große Aufgabe?

ZÜ von 5

35 + 8 = ☐☐
25 + 9 = ☐☐
15 + 7 = ☐☐
85 + 6 = ☐☐
65 + 8 = ☐☐
75 + 7 = ☐☐
45 + 9 = ☐☐
75 + 6 = ☐☐

5 + 6 = ☐☐
innen: 5 außen: 1

5 + 7 = ☐☐
innen: außen:

5 + 8 = ☐☐
innen: außen:

5 + 9 = ☐☐
innen: außen:

Bis 100: Von **5** über den Zehner!

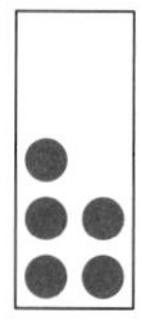

ZÜ von 5

25 + 7 = ☐☐

innen: 5 außen: 2

15 + 6 = ☐☐

innen: außen:

65 + 7 = ☐☐

innen: außen:

45 + 6 = ☐☐

innen: außen:

85 + 9 = ☐☐

innen: außen:

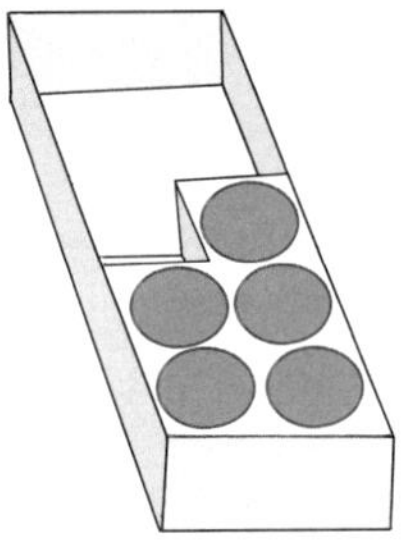

35 + 8 = ☐☐

innen: außen:

35 + 8 = ☐☐

innen: außen:

55 + 4 = ☐☐

innen: außen:

75 + 8 = ☐☐

innen: außen:

25 + 9 = ☐☐

innen: außen:

Bis 100: Von **5** über den Zehner!

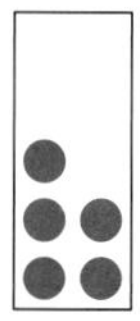

ZÜ von 5

35 + 7 = ☐☐

innen: 5 außen: 2

25 + 9 = ☐☐

innen: außen:

55 + 7 = ☐☐

innen: außen:

25 + 6 = ☐☐

innen: außen:

75 + 6 = ☐☐

innen: außen:

35 + 9 = ☐☐

innen: außen:

15 + 7 = ☐☐

innen: außen:

55 + 8 = ☐☐

innen: außen:

65 + 8 = ☐☐

innen: außen:

45 + 7 = ☐☐

innen: außen:

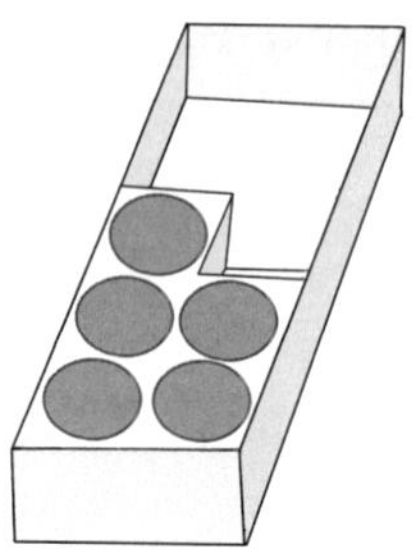

Schneider: Rechnen ohne Stolperstein, Zehnerübergang mit Plus. Illustrationen: Kristina Klotz

Was gehört zusammen? Male gleich an.

ZÜ von 5

innen 5 außen 0

80

innen 5 außen 1

55 + 7 =

„Aufgepasst!“

75 + 5 =

71

62

65 + 6 =

innen 5 außen 2

33

innen 5 außen 3

94

innen 5 außen 4

25 + 8 =

85 + 9 =

Von **5** oder **6** springen: im Hunderter!

ZÜ von 5

36 + 6 = ☐☐	46 + 7 = ☐☐
innen: 4 außen: 2	innen: außen:
35 + 6 = ☐☐	65 + 8 = ☐☐
innen: außen:	innen: außen:
25 + 7 = ☐☐	66 + 8 = ☐☐
innen: außen:	innen: außen:
26 + 7 = ☐☐	75 + 8 = ☐☐
innen: außen:	innen: außen:
45 + 7 = ☐☐	76 + 8 = ☐☐
innen: außen:	innen: außen:

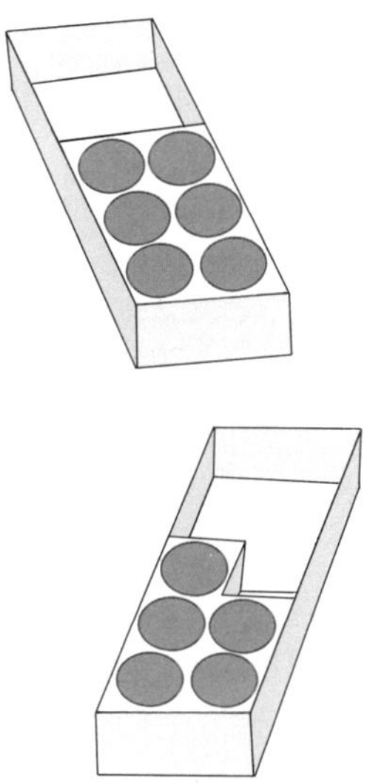

„**5** oder **4** innen?“

Zwei Aufgaben – ein Ergebnis! Was fehlt?

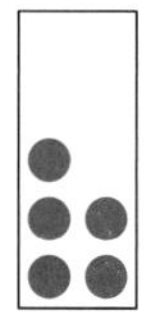

56 + 5 (innen: 4, außen: 1) — **61** — 55 + ☐ (innen: ☐, außen: ☐)

35 + ☐ (innen: ☐, außen: ☐) — **42** — 36 + ☐ (innen: ☐, außen: ☐)

45 + ☐ (innen: ☐, außen: ☐) — **53** — 46 + ☐ (innen: ☐, außen: ☐)

75 + ☐ (innen: ☐, außen: ☐) — **84** — 76 + ☐ (innen: ☐, außen: ☐)

26 + ☐ (innen: ☐, außen: ☐) — **31** — 25 + ☐ (innen: ☐, außen: ☐)

Von **5, 6** oder **7** springen: im Hunderter!

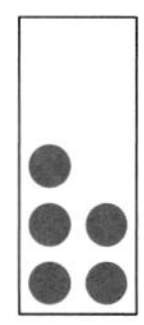

35 + 6 = ☐☐
innen: 5 außen: 1

27 + 6 = ☐☐
innen: außen:

66 + 6 = ☐☐
innen: außen:

57 + 7 = ☐☐
innen: außen:

36 + 7 = ☐☐
innen: außen:

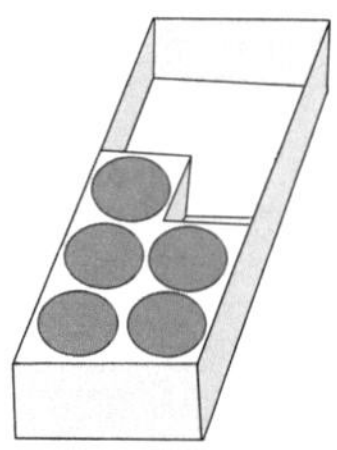

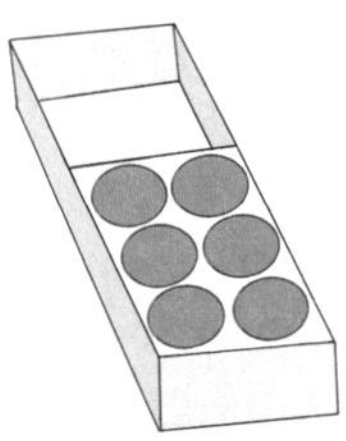

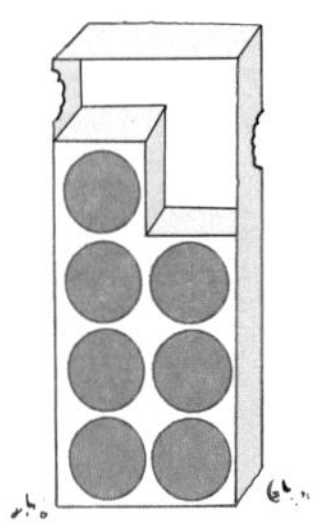

15 + 7 = ☐☐
innen: außen:

46 + 8 = ☐☐
innen: außen:

65 + 8 = ☐☐
innen: außen:

77 + 8 = ☐☐
innen: außen:

15 + 9 = ☐☐
innen: außen:

Drei Aufgaben – ein Ergebnis!

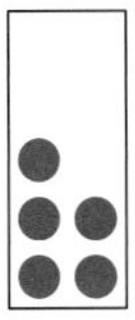

ZÜ von 5

55 + 9 = ☐☐
innen: 5
außen: 4

57 + 7
innen:
außen:

56 + 8
innen:
außen:

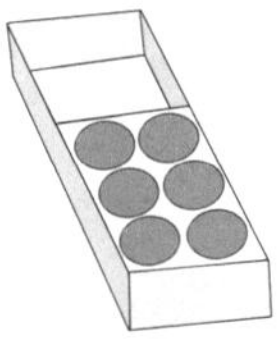

67 + 5 = ☐☐
innen:
außen:

65 + 7
innen:
außen:

66 + 6
innen:
außen:

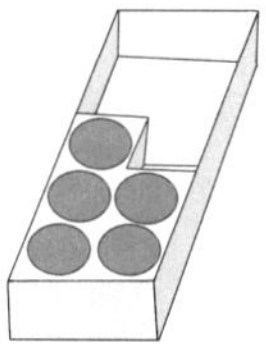

75 + 8 = ☐☐
innen:
außen:

76 + 7
innen:
außen:

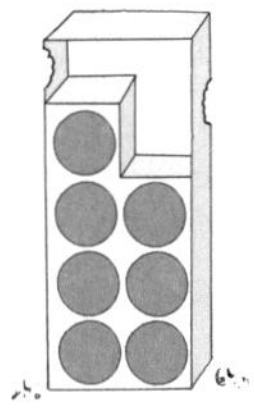

77 + 6
innen:
außen:

Von **5, 6, 7** oder **8** springen: im Hunderter!

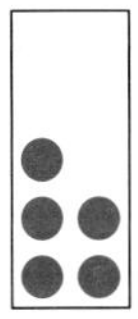

ZÜ von 5

25 + 6 = ☐☐
innen: 5 außen: 1

27 + 6 = ☐☐
innen: außen:

28 + 6 = ☐☐
innen: außen:

26 + 6 = ☐☐
innen: außen:

48 + 9 = ☐☐
innen: außen:

46 + 9 = ☐☐
innen: außen:

47 + 9 = ☐☐
innen: außen:

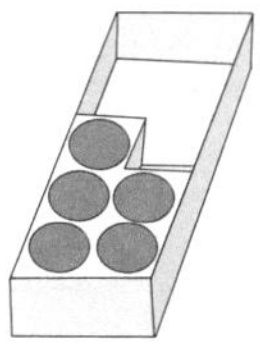

45 + 9 = ☐☐
innen: außen:

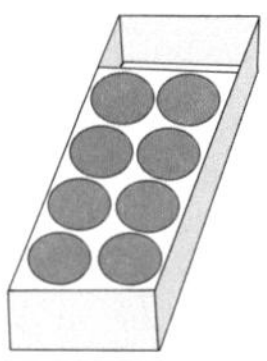

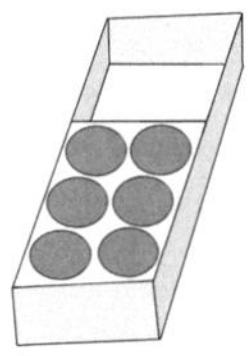

56 + 7 = ☐☐
innen: außen:

55 + 7 = ☐☐
innen: außen:

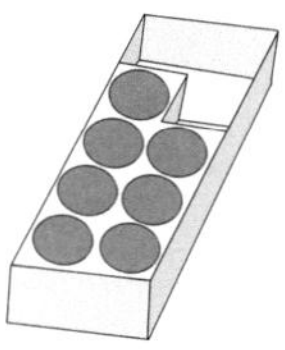

Immer 2 haben das gleiche Ergebnis. Verbinde.

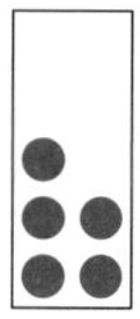

ZÜ von 5

35 + 6 =	innen: 5	außen: 1
37 + 5 =	innen:	außen:
26 + 7 =	innen:	außen:
28 + 6 =	innen:	außen:
67 + 4 =	innen:	außen:

65 + 6 =	innen:	außen:
25 + 9 =	innen:	außen:
38 + 4 =	innen:	außen:
25 + 8 =	innen:	außen:
37 + 4 =	innen:	außen:

Von **5, 6, 7, 8** oder **9** springen: im Hunderter!

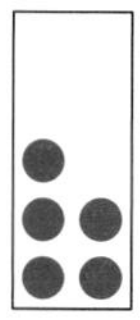

ZÜ von 5

15 + 6 =	innen: 5	außen: 1
27 + 8 =	innen:	außen:
69 + 6 =	innen:	außen:
58 + 7 =	innen:	außen:
36 + 9 =	innen:	außen:

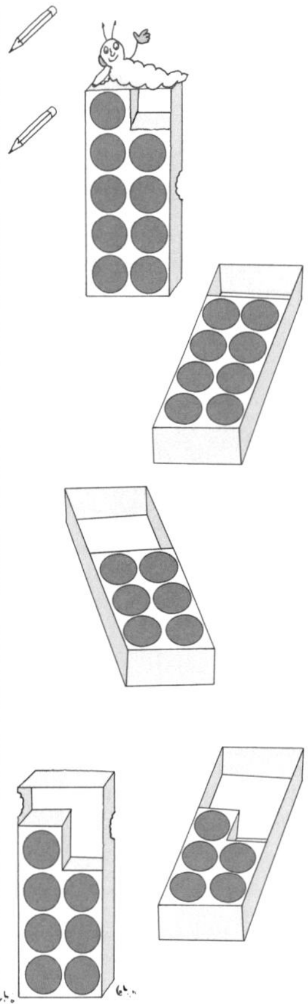

47 + 7 =	innen:	außen:
36 + 8 =	innen:	außen:
25 + 8 =	innen:	außen:
79 + 8 =	innen:	außen:
18 + 9 =	innen:	außen:

Dieses Heft gehört:

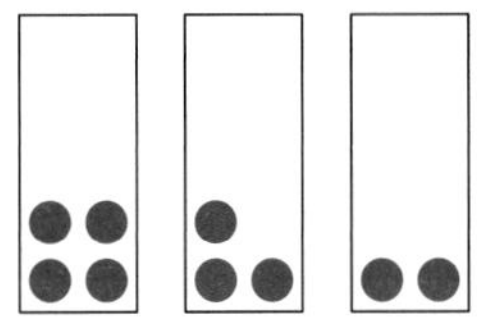

ZÜ von 4, 3, 2

Von **4, 3, 2** über den Zehner

Wie viele fehlen innen? Male und schreibe Einer blau, umrahme volle Schachteln rot.

ZÜ von 4, 3, 2

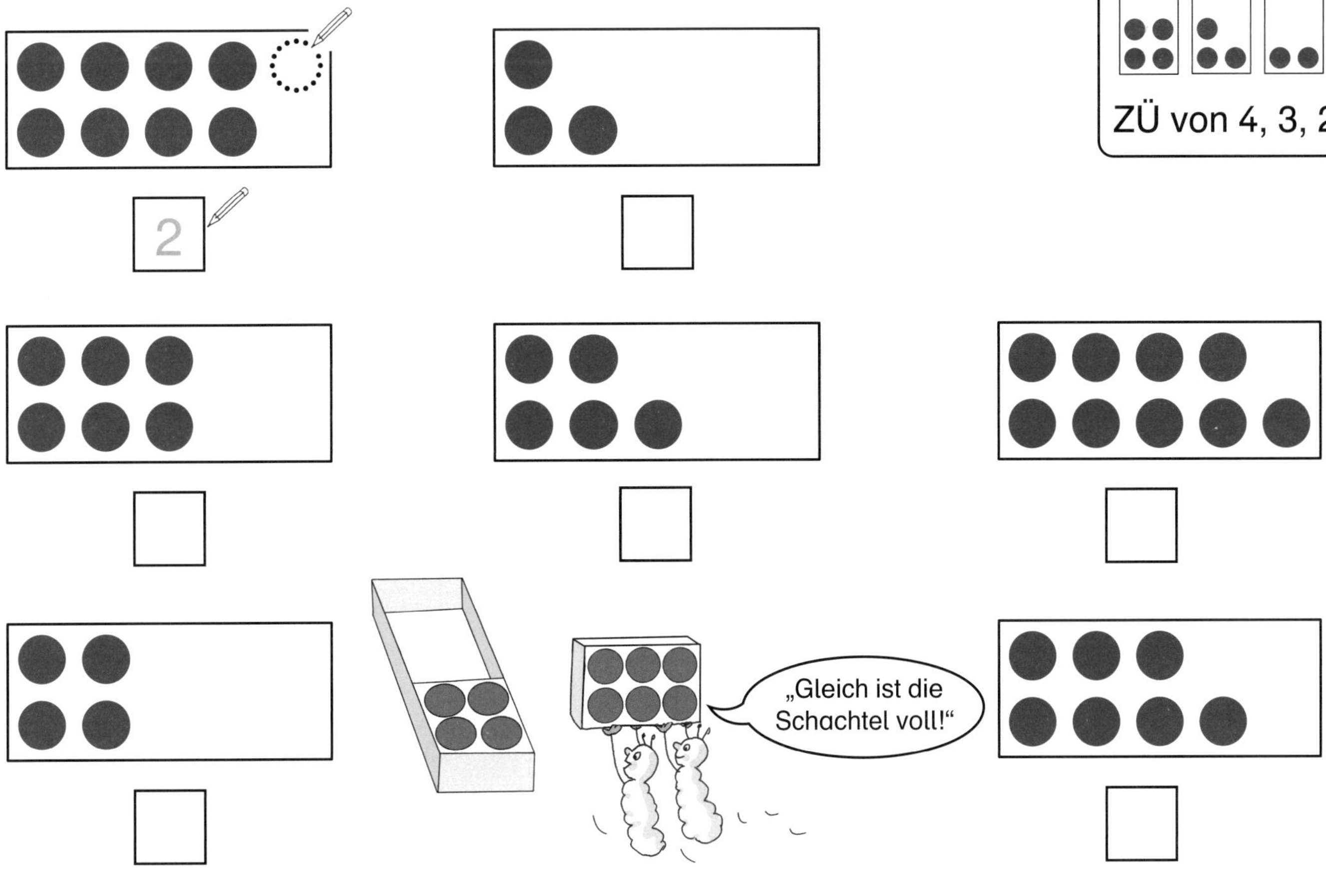

Zerlege immer in 6 und ... !

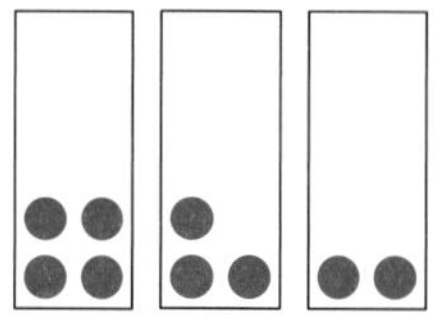

ZÜ von 4, 3, 2

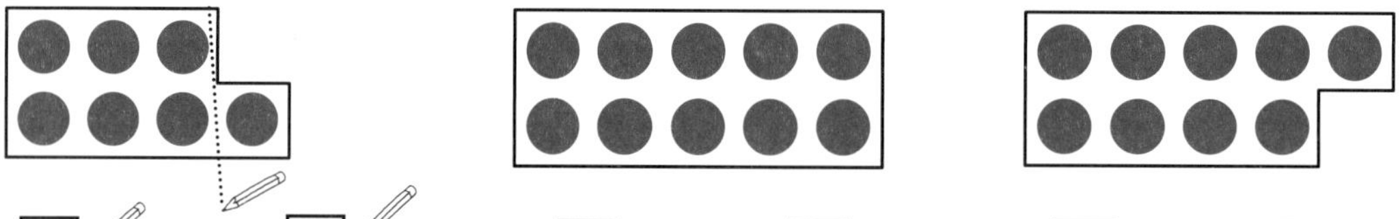

6 ☐ ☐ ☐ ☐ ☐

Zerlege in 7 und ... !

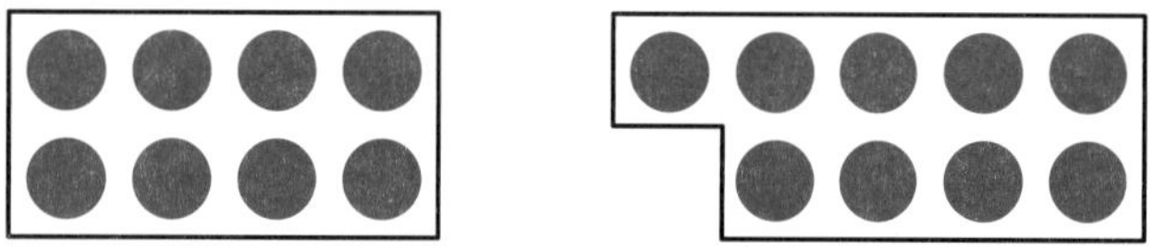

☐ ☐ ☐ ☐

Zerlege in 8 und ... !

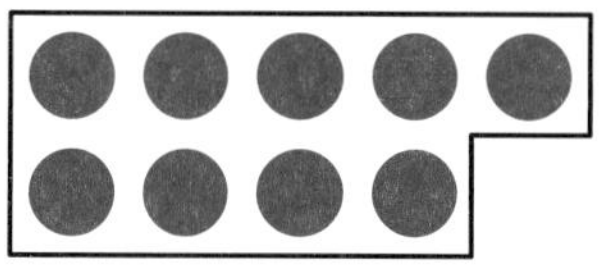

☐ ☐

Zerlege.

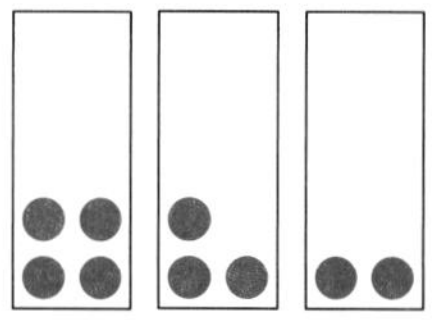

ZÜ von 4, 3, 2

9 6 3

8 6 ☐

7 6 ☐

9 7 ☐

8 7 ☐

9 8 ☐

Von **4** über den Zehner: **„Sechs innen, … außen.“**

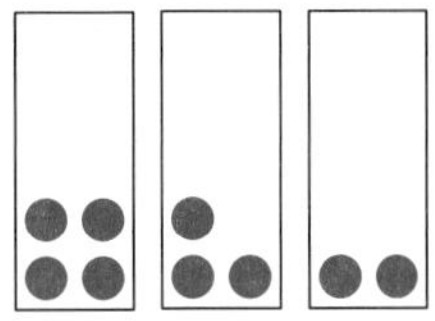

ZÜ von 4, 3, 2

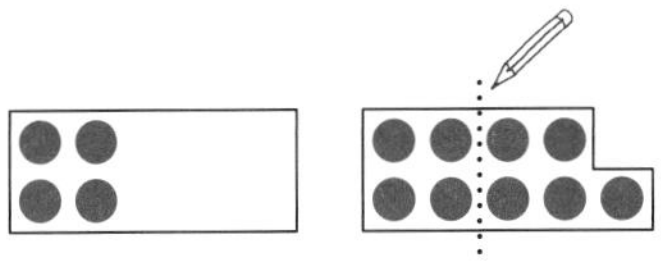

4 ⊕ 9

4 ⊕ 6 ⊕ 3 ⊜ ☐☐

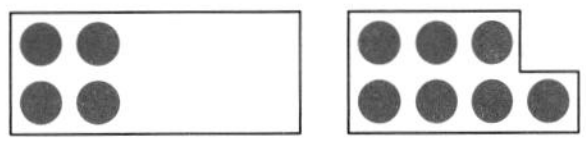

☐ ⊕ ☐

☐ ⊕ ☐ ⊕ ☐ ⊜ ☐☐

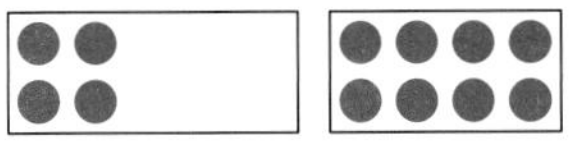

☐ ⊕ ☐

☐ ⊕ ☐ ⊕ ☐ ⊜ ☐☐

Von **3** über den Zehner: **„Sieben innen, … außen.“**

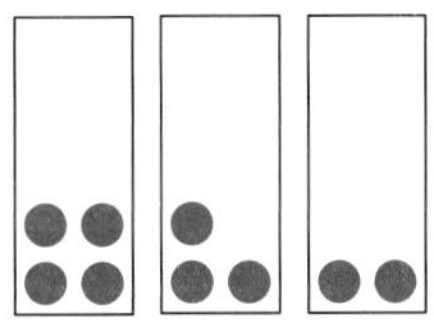

ZÜ von 4, 3, 2

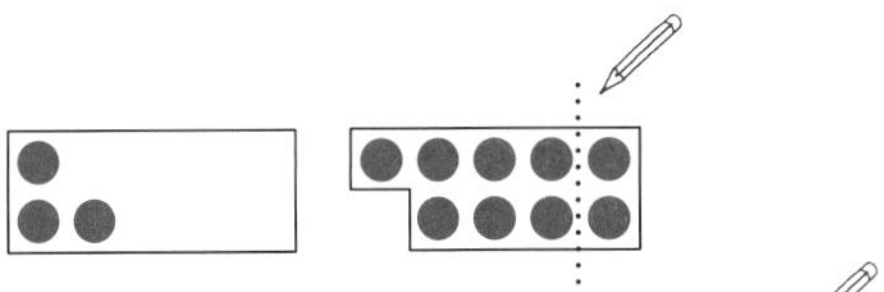

☐ ⊕ ☐

☐ ⊕ ☐ ⊕ ☐ ⊜ ☐☐

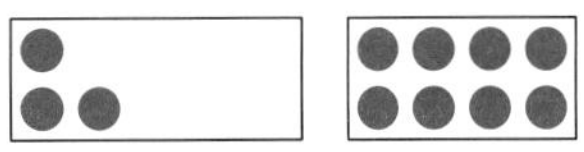

☐ ⊕ ☐

☐ ⊕ ☐ ⊕ ☐ ⊜ ☐☐

Von **2** über den Zehner: **„Acht innen, … außen“**

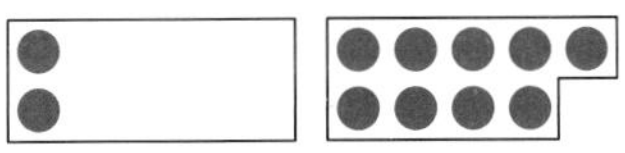

☐ ⊕ ☐

☐ ⊕ ☐ ⊕ ☐ ⊜ ☐☐

Von **4, 3, 2** über den Zehner: Male die Rechnung.

ZÜ von 4, 3, 2

innen: 8 außen: 1

2 + 9 = __ __

innen: ____ außen: ____

3 + 8 = __ __

innen: ____ außen: ____

3 + 9 = __ __

innen: ____ außen: ____

4 + 7 = __ __

innen: ____ außen: ____

4 + 8 = __ __

innen: ____ außen: ____

4 + 9 = __ __

Sprich laut und schreibe auf.

ZÜ von 4, 3, 2

4 + 8 | 6 innen | __ außen = __ __

4 + 7 | __ innen | __ außen = __ __

4 + 9 | __ innen | __ außen = __ __

3 + 9 | __ innen | __ außen = __ __

3 + 8 | __ innen | __ außen = __ __

2 + 9 | __ innen | __ außen = __ __

Von **4** über den Zehner!

4 ⊕ 9 ⊜ ☐☐
innen: 6 außen: 3

4 ⊕ 7 ⊜ ☐☐
innen: außen:

4 ⊕ 8 ⊜ ☐☐
innen: außen:

Von **3** über den Zehner!

3 ⊕ 8 ⊜ ☐☐
innen: außen:

3 ⊕ 9 ⊜ ☐☐
innen: außen:

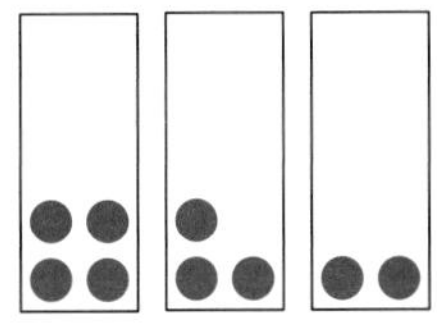

ZÜ von 4, 3, 2

Von **2** über den Zehner!

2 ⊕ 9 ⊜ ☐☐
innen: außen:

Wie viele fehlen?

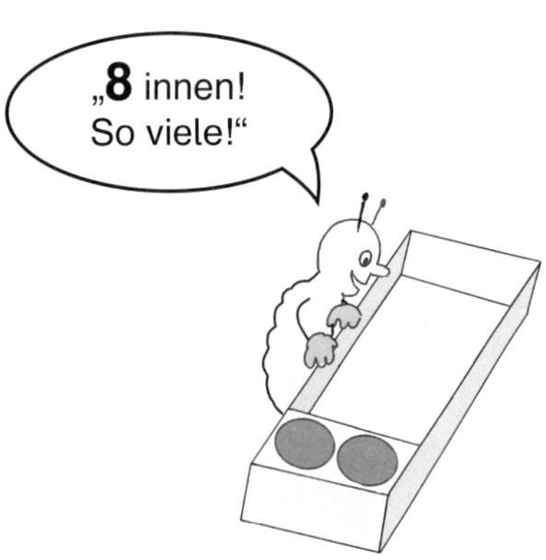

2 ⊕ ☐ ⊜ 1 1
innen: außen:

3 ⊕ ☐ ⊜ 1 2
innen: außen:

Was gehört zusammen? Male gleich an.

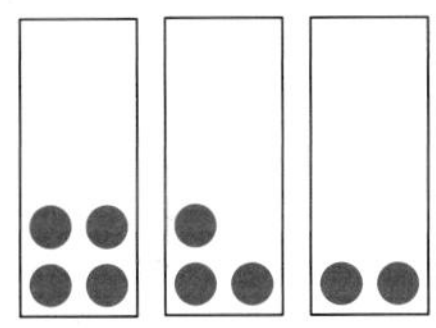

ZÜ von 4, 3, 2

4 + 9 =

12

innen außen
6 2

innen außen
6 1

13

11

3 + 9 =

4 + 8 =

innen außen
7 1

innen außen
7 2

innen außen
8 1

innen außen
6 3

12

3 + 8 =

4 + 7 =

11

2 + 9 =

11

Von **2, 3, 4** und **5** über den Zehner!

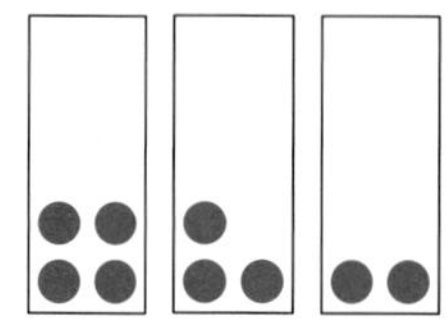

ZÜ von 4, 3, 2

5 + 6 = ☐☐
innen: 5 außen: 1

3 + 8 = ☐☐
innen: außen:

4 + 7 = ☐☐
innen: außen:

4 + 9 = ☐☐
innen: außen:

3 + 9 = ☐☐
innen: außen:

5 + 9 = ☐☐
innen: außen:

2 + 9 = ☐☐
innen: außen:

4 + 8 = ☐☐
innen: außen:

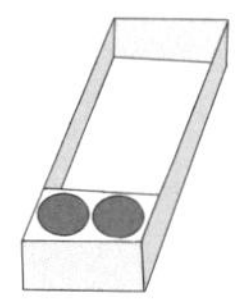

5 + 8 = ☐☐
innen: außen:

5 + 7 = ☐☐
innen: außen:

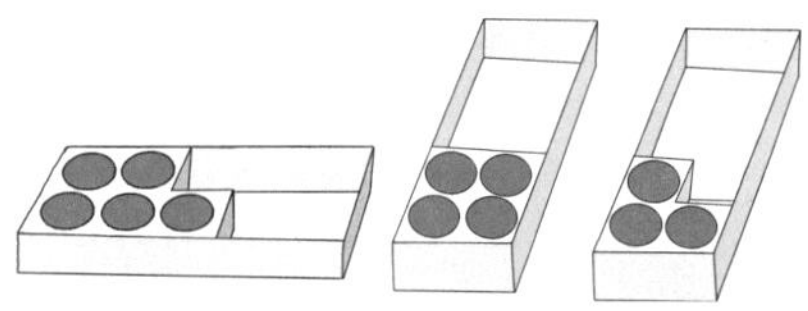

Von **2, 3, 4** und **5, 6** über den Zehner!

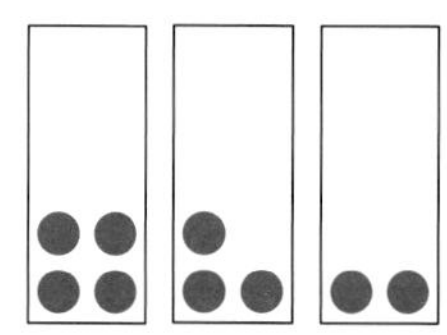

ZÜ von 4, 3, 2

2 + 9 = ☐☐
innen: 8 außen: 1

5 + 8 = ☐☐
innen: außen:

6 + 7 = ☐☐
innen: außen:

4 + 9 = ☐☐
innen: außen:

3 + 9 = ☐☐
innen: außen:

5 + 7 = ☐☐
innen: außen:

6 + 8 = ☐☐
innen: außen:

6 + 9 = ☐☐
innen: außen:

3 + 8 = ☐☐
innen: außen:

6 + 6 = ☐☐
innen: außen:

Von **2, 3, 4** und **5, 6, 7** über den Zehner!

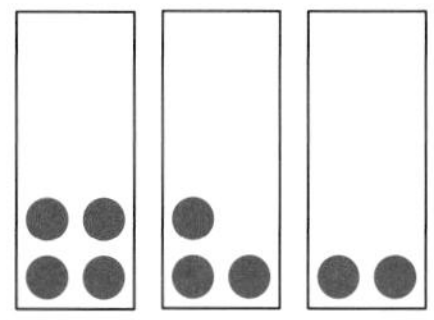

ZÜ von 4, 3, 2

2 ⊕ 9 ⊜ ☐☐

innen: 8 außen: 1

7 ⊕ 6 ⊜ ☐☐

innen: außen:

3 ⊕ 9 ⊜ ☐☐

innen: außen:

6 ⊕ 5 ⊜ ☐☐

innen: außen:

3 ⊕ 8 ⊜ ☐☐

innen: außen:

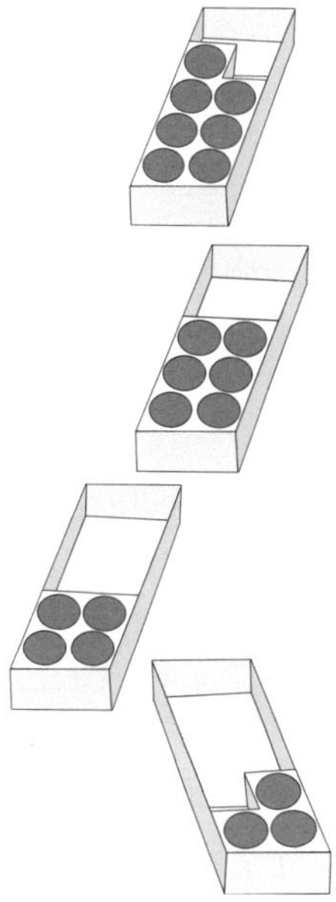

5 ⊕ 6 ⊜ ☐☐

innen: außen:

4 ⊕ 9 ⊜ ☐☐

innen: außen:

5 ⊕ 9 ⊜ ☐☐

innen: außen:

7 ⊕ 9 ⊜ ☐☐

innen: außen:

4 ⊕ 8 ⊜ ☐☐

innen: außen:

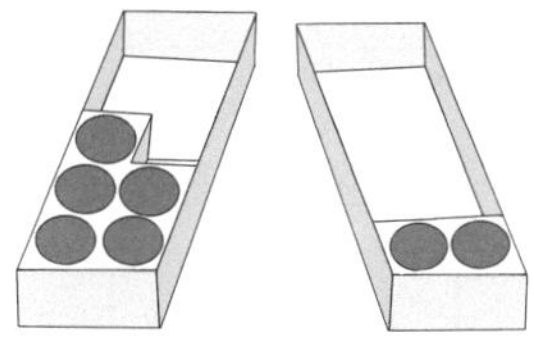

Von **2, 3, 4** und **5, 6, 7, 8** über den Zehner!

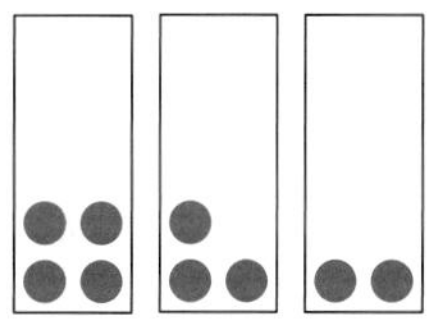

ZÜ von 4, 3, 2

4 ⊕ 7 ⊜ ☐☐

innen: 6 außen: 1

8 ⊕ 7 ⊜ ☐☐

innen: außen:

6 ⊕ 7 ⊜ ☐☐

innen: außen:

5 ⊕ 7 ⊜ ☐☐

innen: außen:

3 ⊕ 8 ⊜ ☐☐

innen: außen:

3 ⊕ 9 ⊜ ☐☐

innen: außen:

8 ⊕ 9 ⊜ ☐☐

innen: außen:

7 ⊕ 9 ⊜ ☐☐

innen: außen:

2 ⊕ 9 ⊜ ☐☐

innen: außen:

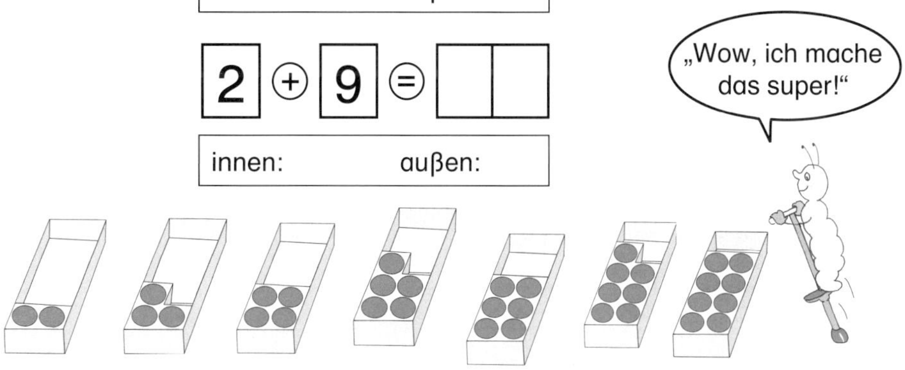

Über den Zehner!

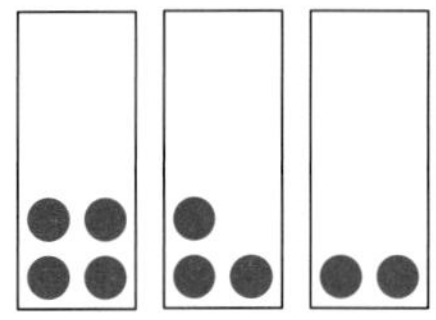

ZÜ von 4, 3, 2

6 + 8 = ☐☐
innen: 4 außen: 4

4 + 8 = ☐☐
innen: außen:

3 + 8 = ☐☐
innen: außen:

5 + 8 = ☐☐
innen: außen:

7 + 8 = ☐☐
innen: außen:

9 + 6 = ☐☐
innen: außen:

5 + 6 = ☐☐
innen: außen:

7 + 6 = ☐☐
innen: außen:

8 + 6 = ☐☐
innen: außen:

6 + 6 = ☐☐
innen: außen:

Acht Aufgaben – ein Ergebnis!

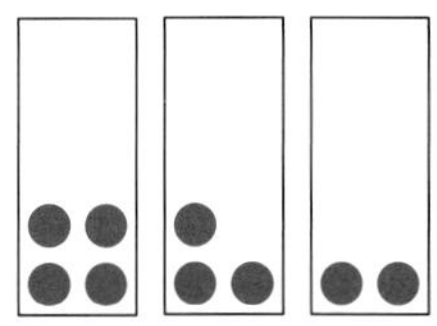

ZÜ von 4, 3, 2

4 + 7
innen: 6
außen: 1

2 + 9
innen:
außen:

7 + 4
innen:
außen:

3 + 8
innen:
außen:

☐☐

9 + 2
innen:
außen:

6 + 5
innen:
außen:

5 + 6
innen:
außen:

8 + 3
innen:
außen:

Schneider: Rechnen ohne Stolperstein, Zehnerübergang mit Plus. Illustrationen: Kristina Klotz

Drei Aufgaben – ein Ergebnis! Was fehlt?

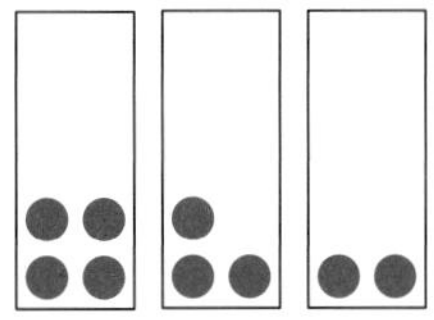
ZÜ von 4, 3, 2

11

3 ⊕ 8
innen: 7
außen: 1

2 ⊕ ☐
innen:
außen:

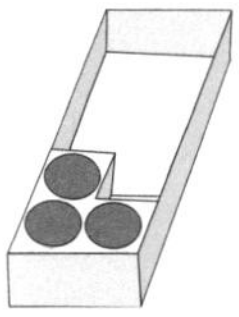

4 ⊕ ☐
innen:
außen:

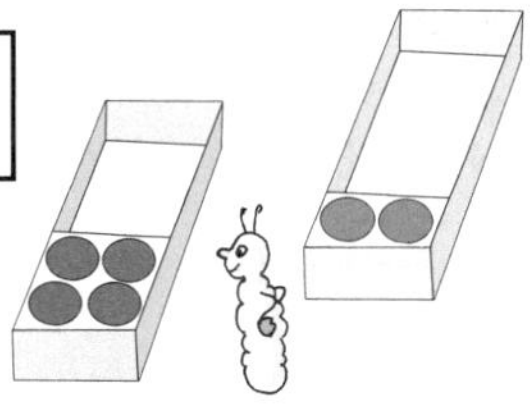

14

5 ⊕ ☐
innen:
außen:

7 ⊕ ☐
innen:
außen:

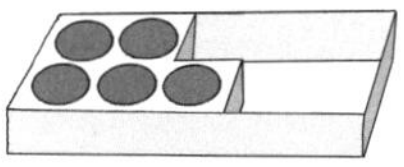

6 ⊕ ☐
innen:
außen:

12

8 ⊕ ☐
innen:
außen:

3 ⊕ ☐
innen:
außen:

9 ⊕ ☐
innen:
außen:

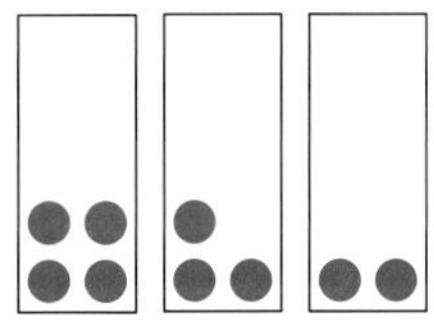
ZÜ von 4, 3, 2

4 ⊕ 7 ⊜ ☐☐
innen: 6 außen:

14 ⊕ 7 ⊜ ☐☐

24 ⊕ 7 ⊜ ☐☐

34 ⊕ 7 ⊜ ☐☐

44 ⊕ 7 ⊜ ☐☐

54 ⊕ 7 ⊜ ☐☐

64 ⊕ 7 ⊜ ☐☐

74 ⊕ 7 ⊜ ☐☐

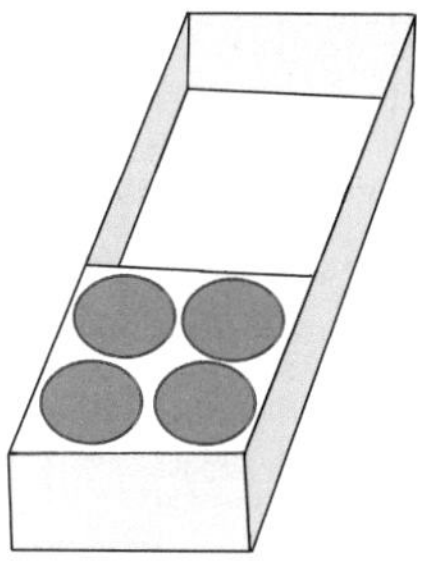

4 ⊕ 8 ⊜ ☐☐
innen: außen:

14 ⊕ 8 ⊜ ☐☐

24 ⊕ 8 ⊜ ☐☐

34 ⊕ 8 ⊜ ☐☐

44 ⊕ 8 ⊜ ☐☐

54 ⊕ 8 ⊜ ☐☐

64 ⊕ 8 ⊜ ☐☐

74 ⊕ 8 ⊜ ☐☐

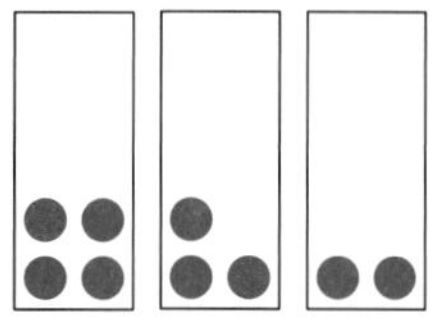

ZÜ von 4, 3, 2

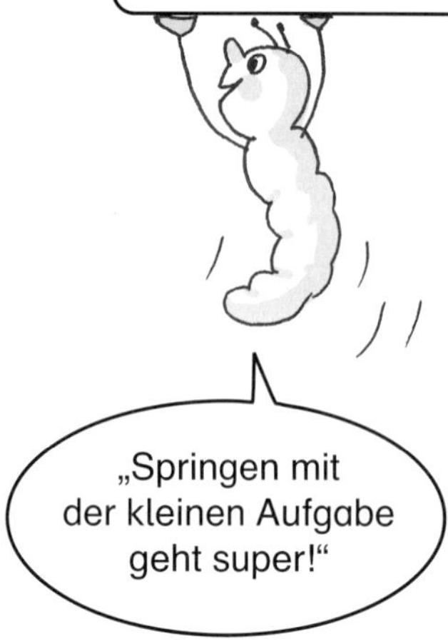

4 + 9 = ☐☐	3 + 8 = ☐☐
innen: 6 außen:	innen: außen:
14 + 9 = ☐☐	13 + 8 = ☐☐
24 + 9 = ☐☐	23 + 8 = ☐☐
34 + 9 = ☐☐	33 + 8 = ☐☐
44 + 9 = ☐☐	43 + 8 = ☐☐
54 + 9 = ☐☐	53 + 8 = ☐☐
64 + 9 = ☐☐	63 + 8 = ☐☐
74 + 9 = ☐☐	73 + 8 = ☐☐

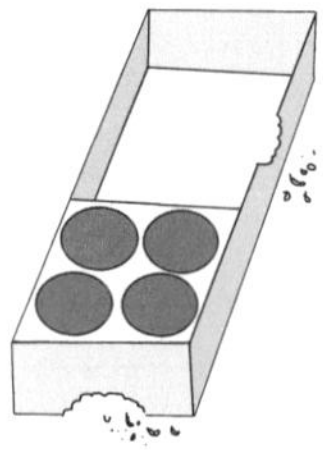

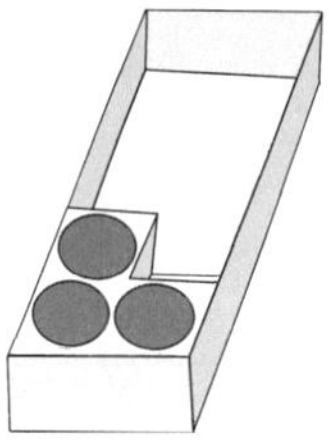

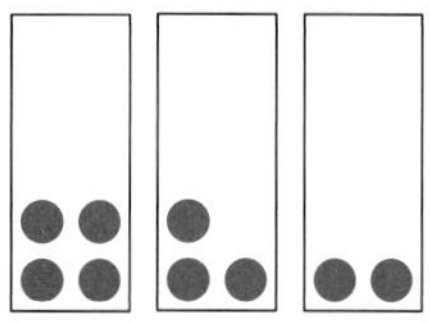

ZÜ von 4, 3, 2

3 + 9 = ☐☐	2 + 9 = ☐☐
innen: 7 außen: 2	innen: außen:
13 + 9 = ☐☐	12 + 9 = ☐☐
23 + 9 = ☐☐	22 + 9 = ☐☐
33 + 9 = ☐☐	32 + 9 = ☐☐
43 + 9 = ☐☐	42 + 9 = ☐☐
53 + 9 = ☐☐	52 + 9 = ☐☐
63 + 9 = ☐☐	62 + 9 = ☐☐
73 + 9 = ☐☐	72 + 9 = ☐☐

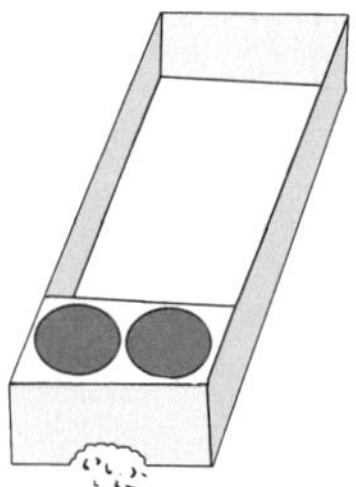

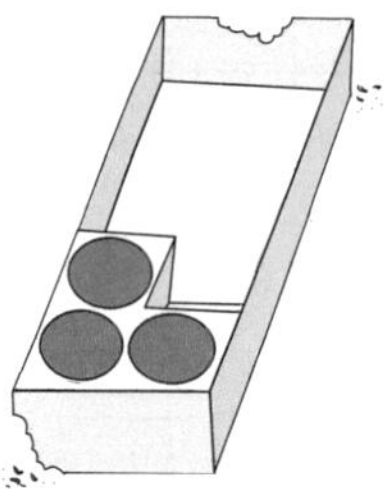

Schneider: Rechnen ohne Stolperstein, Zehnerübergang mit Plus. Illustrationen: Kristina Klotz

Rechne mit der kleinen Aufgabe.

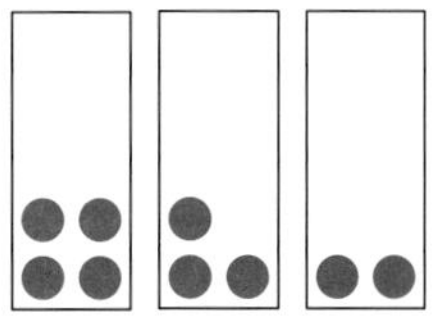

2 + 9 =

12 + 9 =

innen: 8 außen: 1

4 + 9 =

24 + 9 =

innen: außen:

4 + 7 =

34 + 7 =

innen: außen:

3 + 9 =

43 + 9 =

innen: außen:

3 + 8 =

33 + 8 =

innen: außen:

4 + 8 =

64 + 8 =

innen: außen:

Von **2, 3** oder **4** springen: im Hunderter!

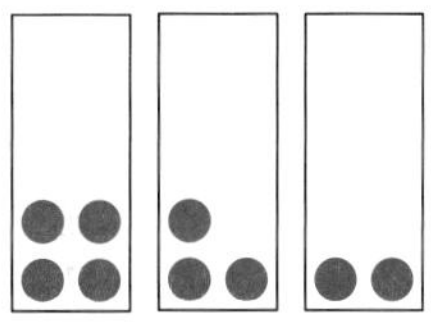

33 + 8 =

innen: 7 außen: 1

34 + 9 =

innen: außen:

22 + 9 =

innen: außen:

23 + 9 =

innen: außen:

44 + 7 =

innen: außen:

42 + 9 =

innen: außen:

63 + 8 =

innen: außen:

64 + 8 =

innen: außen:

72 + 9 =

innen: außen:

13 + 8 =

innen: außen:

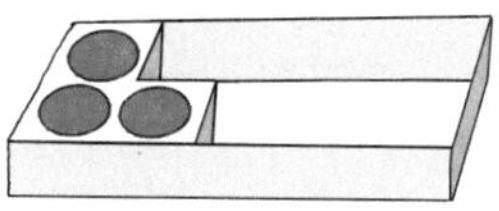

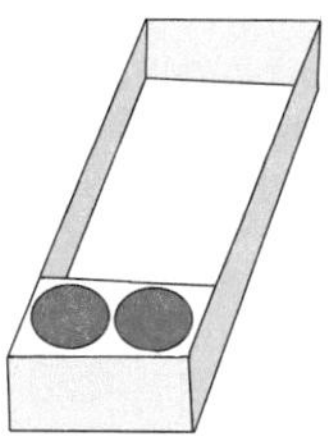

Von **2, 3** oder **4** springen: im Hunderter!

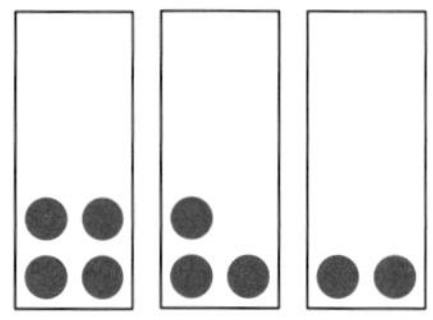

53 + 9 = ☐☐
innen: 7 außen: 2

74 + 8 = ☐☐
innen: außen:

24 + 7 = ☐☐
innen: außen:

32 + 9 = ☐☐
innen: außen:

34 + 8 = ☐☐
innen: außen:

43 + 9 = ☐☐
innen: außen:

43 + 8 = ☐☐
innen: außen:

72 + 9 = ☐☐
innen: außen:

73 + 9 = ☐☐
innen: außen:

84 + 7 = ☐☐
innen: außen:

Immer 2 haben das gleiche Ergebnis. Verbinde.

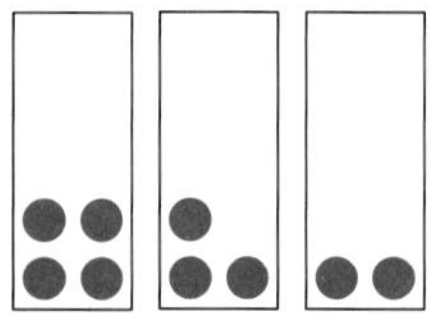

32 + 9 = ☐☐
innen: 8 außen: 1

63 + 8 = ☐☐
innen: außen:

34 + 8 = ☐☐
innen: außen:

24 + 8 = ☐☐
innen: außen:

22 + 9 = ☐☐
innen: außen:

33 + 9 = ☐☐
innen: außen:

23 + 9 = ☐☐
innen: außen:

24 + 7 = ☐☐
innen: außen:

64 + 7 = ☐☐
innen: außen:

33 + 8 = ☐☐
innen: außen:

Schneider: Rechnen ohne Stolperstein, Zehnerübergang mit Plus. Illustrationen: Kristina Klotz

Was gehört zusammen? Male in der gleichen Farbe an.

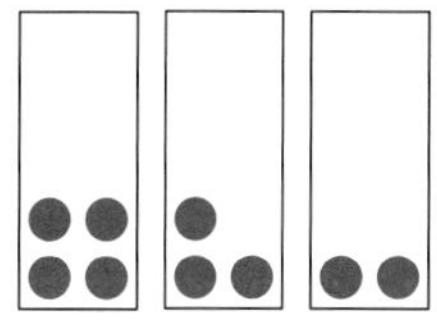

ZÜ von 4, 3, 2

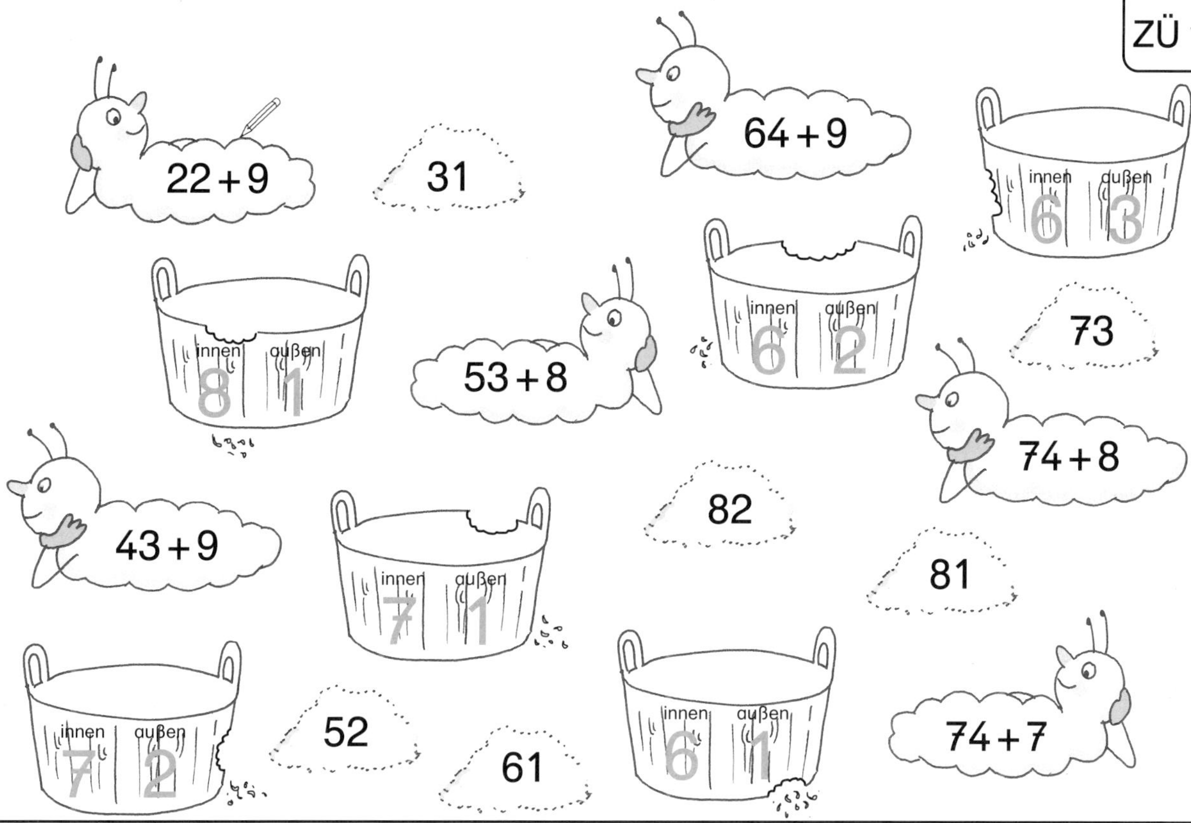

Springen im Hunderter

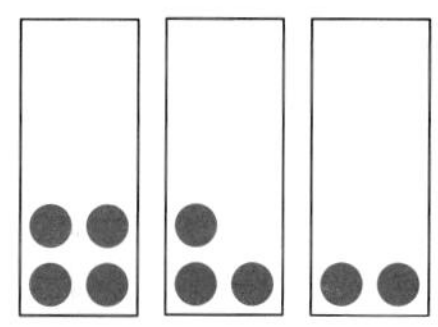

ZÜ von 4, 3, 2

24 + 7 = ☐☐
innen: 6 außen: 1

32 + 9 = ☐☐
innen: außen:

29 + 2 = ☐☐
innen: außen:

34 + 7 = ☐☐
innen: außen:

23 + 9 = ☐☐
innen: außen:

35 + 8 = ☐☐
innen: außen:

27 + 6 = ☐☐
innen: außen:

36 + 7 = ☐☐
innen: außen:

22 + 9 = ☐☐
innen: außen:

33 + 8 = ☐☐
innen: außen:

Immer 2 haben das gleich Ergebnis. Verbinde.

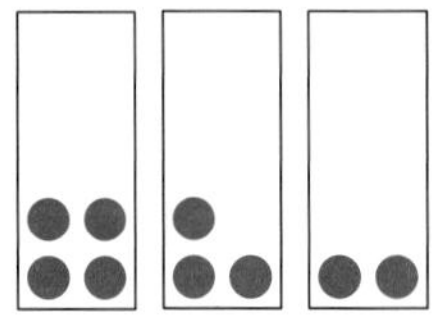

ZÜ von 4, 3, 2

26 ⊕ 5 ⊜ ☐☐
innen: 8 außen: 1

65 ⊕ 6 ⊜ ☐☐
innen: außen:

37 ⊕ 6 ⊜ ☐☐
innen: außen:

25 ⊕ 7 ⊜ ☐☐
innen: außen:

32 ⊕ 9 ⊜ ☐☐
innen: außen:

36 ⊕ 5 ⊜ ☐☐
innen: außen:

24 ⊕ 8 ⊜ ☐☐
innen: außen:

25 ⊕ 6 ⊜ ☐☐
innen: außen:

63 ⊕ 8 ⊜ ☐☐
innen: außen:

34 ⊕ 9 ⊜ ☐☐
innen: außen:

Acht Aufgaben, ein Ergebnis! Was fehlt?

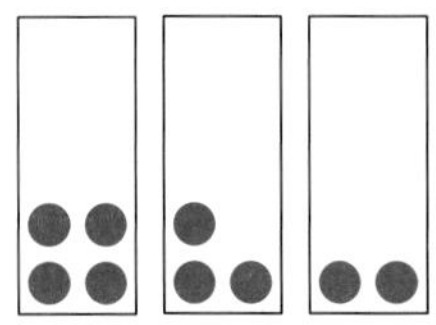

ZÜ von 4, 3, 2

71

62 ⊕ ☐
innen: 8
außen: 1

69 ⊕ ☐
innen:
außen:

65 ⊕ ☐
innen:
außen:

64 ⊕ ☐
innen:
außen:

66 ⊕ ☐
innen:
außen:

67 ⊕ ☐
innen:
außen:

63 ⊕ ☐
innen:
außen:

68 ⊕ ☐
innen:
außen: